유구 한시선

琉球漢詩選

편저

우에자토 켄이치(上里 賢一, Uezato Kenichi)

오키나와현 미야코지마(宮古島) 출생. 유구대학 문리학부 국어국문학과 졸업. 도호쿠(東北)대학 대학원 중국문학 전공(박사 수료), 유구대학 법문학부 교수 정년퇴임(현재 명예교수)
『校訂本 中山詩文集』(九州大學出版會, 1998), 『琉球漢詩の旅』(琉球新報社, 2001), 『久米村と漢詩』(上下)(久米崇聖會, 2018) 외 다수의 저서와 논문이 있다.

역주

이성혜(李聖惠, Lee, Seonghea)

부산대학교 한문학과 졸업(문학박사). 부산대학교 한문학과 강사, 부산대학교 점필재연구소 전임연구원, 한류문화연구소(韓琉文化研究所) 소장. 『조선의 화가 조희룡』(한길아트, 2005), 『한국 근대 서화의 생산과 유통』(해피북미디어, 2014), 『제갈량과 20세기 동양적 혁명을 논하다』(산지니, 2015) 외 다수의 저서와 논문이 있다.

유구 한시선

초판인쇄 2019년 11월 21일 **초판발행** 2019년 12월 3일
편저자 우에자토 켄이치 **역주자** 이성혜
펴낸이 박성모 **펴낸곳** 소명출판 **출판등록** 제13-522호
주소 06643 서울시 서초구 서초중앙로6길 15, 1층
전화 02-585-7840 **팩스** 02-585-7848 **전자우편** somyungbooks@daum.net **홈페이지** www.somyong.co.kr

값 13,000원
ISBN 979-11-5905-457-0 03830

유구 한시선

우에자토 겐이치 편저 | 이성혜 역주

琉球漢詩選

The Selection of Ryukyu's Classical Chinese poetry

소명출판

일러두기

- 연호는 가능한 서기로 표시하였고, 꼭 필요한 경우 연호를 부기했다. 특히 원서에 중국 연호를 추가한 것은 대부분 생략하였다.
- 원서의 목차와 본문에서 시 제목이 다른 경우는 본문에 제시된 시 제목을 따랐다.
- 측주는 역자 주이다.

『유구 한시선』 한국어판 서문

『유구 한시선』이 '오키나와 문고'의 한 책으로 출판된 것은 1990년 1월이었다. 벌써 30여 년이나 되었다. 『중산시문집中山詩文集』을 중심으로 그 외 다른 시집에서 8인의 시 91수를 선별해서 현대어로 번역하고, 간단한 단어 해석을 붙였다. 이 책을 부산대학교 이성혜 교수가 한국어로 번역하고 나에게 서문을 요청했다. 이 교수를 나에게 소개해 준 사람은 동명대학교 성해준 교수이다. 한국에 유구 한시 연구자가 있다는 것을 알고 기뻤다. 이 교수의 열의와 노고에 감사와 경의를 표한다.

한시는 동아시아 한자문화권(중국 · 한국 · 일본 · 베트남 등)이 공유한 문화유산이다. 일찍이 동아시아에는 중국을 중심으로 한자를 사용하는 문화권이 형성되었다. 중국이 아편전쟁(1840~1842)에서 영국에게 패배하자 중국을 중심으로 하는 조공무역체제는 흔들리기 시작했고, 동아시아 세계질서도 큰 변혁의 파도를 맞았다. 이후 서양화西洋化의 거대한 물결이 동아시아 세계를 석권하여 정치와 경제뿐만 아니라 생활에까지 깊이 침투했다. 지금은 한국이나 베트남에서는 한자를 사용하지 않고, 한시도 구시대 문화의 하나로서 여향余響을 남기고 있을 뿐이다.

유구가 동아시아 한자문화권에 참가하게 된 것은 13세기 중엽으로 일본을 경유하여 한자와 가나문자가 전해졌기 때문이다. 약 백 년 후인 1372년에 명나라 홍무제洪武帝의 초유招諭를 받아서 책봉체제冊封体制에 편입했고, 중국과의 직접 교류에 의해 다양한 문물이 전래되었다. 한자문화도 먼저 들어와 있던 일본 문화와 융합하여 유구의 특색을 띤 문화가 형성되었다. 한시문漢詩文도 예외 없이 중국과 일본 한시문의 두 가지 계통을 근원으로 하고 있다. 특히 유구어와 일본어의 언어상의 친화성으로 일본의 한문훈독(번역의 일종)은 유구에 그대로 받아들여져 한문 수용에 강한 영향을 주었다.

유구는 일본·조선·베트남과 비교하면 꽤 늦게 한자문화권의 구성원이 되었지만, 1879년 일본에 합병될 때까지 약 500년간 중국의 책봉을 받고 진공사절을 파견하는 관계가 계속되었다. 그 사이 1609년에 사츠마薩摩의 침략으로 지배를 받으면서도 중국과의 조공무역을 계속하는 특이한 위치에 있었다.

한국과 유구의 교류는 1389년에 유구왕 찰도察度가 사신을 파견하였다고 『고려사』에 기록되어 있는 것에서 시작된다. 그 외 한국의 『조선왕조실록』과 유구의 『역대보안歴代寶案』 등에 사절의 파견이나 쌍방의 표류 및 표착漂着 등의 기록이 다수 남아 있다. 그러나 역사적인 교류를 나타내는 이들 기록에 비해 한시를 매개로 한 문인들의 교류 양상을 나타내는 기록은 많지 않다.

그 많지 않은 기록 중에서 유구 측에 남아 있는 사료에 의하면, 북경과 복주福州에서 만남과 교류가 있었고, 시문의 증답이 있었던 것을 알 수 있다. 예를 들면, 유구왕국 말기의 채대정蔡大鼎(1823~?)의 『민산유초閩山游草』에 「조선국 진사 이민구가 보내준 시에 화답하다和答朝鮮國進士李敏球見贈韻」(7언절구), 「이공이 옛 역사의 경치를 읊은 시에 화답하다和李公古驛卽景韻」(7언절구), 「이

공이 써준 시에 화답하다和答李公書贈韻」(5언절구), 「이공이 보내준 시에 화답하다和答李公見贈韻」(7언절구) 4수의 작품이 있다. 모두 조선의 진사 이민구의 작품에 화답한 것으로 아쉽게도 이민구의 원운原韻은 확인할 수 없다. 「조선국 진사 이민구가 보내준 시에 화답하다」는 다음과 같다.

一路平安返舊山	한길로 평안히 고향으로 돌아가신 뒤로
依依情話客樓間	객루에서 나누던 이야기 잊히지 않네.
爲談筆墨移情甚	필묵으로 나누던 정담 마음 깊어
更願先生去又還	바라노니 선생은 가셨다 또 오소서.

이민구의 안전한 귀국을 기원하며 친근한 말을 주고받았다. 승구承句의 '객루客樓'는 아마도 복주의 유구 관인 유원역柔遠驛일 것이다. 전구轉句의 '위담필묵爲談筆墨'은 분명 필담에 의한 의사소통일 것이다. 두 사람은 재회를 기약하며 이별하고 있다.

『민산유초』는 채대정이 처음 진공사절의 존유통사存留通事로서 복건성을 유람했을 때 쓴 작품집이다. 유구의 나하那覇를 출항한 것은 1860년 11월인데 순풍을 기다려 복주에 도착한 것은 다음해 3월이었다. 2년 정도 체류하고, 1863년에 귀국했다. 존유통사라고 하는 것은 복주의 유원역에 머물며 무역 등의 업무를 하는 통사이다. 이민구와 필담을 나누고, 시를 증답한 것은 그가 복주에 체류했던 때이다. 『민산유초』는 1873년 『속민산유초續閩山游草』, 『북연유초北燕游草』와 함께 복주에서 간행되었다.

채대정은 유구왕국 말기의 관리이다. 효행으로 왕부王府로부터 표창을 받을 정도로 고결한 인품으로 알려졌다. 진공사절의 존유통사, 조경도통사朝京都通事 등으로 중국에 파견되었지만 특필된 것은 유구가 일본에 병합되려는 국가존망의 위기에 유구국왕의 밀명을 띠고 향덕굉向德宏, 임세공林世功 등과 함께 청국에 건너가서 유구왕국의 존속을 호소하는 청원운동을 전개한 것이다. 임세공은 메이지정부에 의한 유구의 병합, 일본과 청국 간에 유구를 분할하는 「유구분도증약안琉球分島增約案」이 의정된 것에 항의하여 북경에서 자살했다. 그가 하직하면서 남겼다고 전하는 7언절구 2수는 채대정의 『북상잡기北上雜記』에 기록되어 후세에 전한다.

채대정과 이민구가 복주에서 필담을 나누고, 시문을 증답했던 때로부터 십수 년 뒤(1876), 채대정은 유구국의 존속을 호소하기 위해 메이지정부 관헌官憲의 경계망을 뚫고 청국으로 탈출했다. 그러나 그들이 청국 체류 중에 유구는 일본에 병합되어(1879), 「유구분도증약안」이 의정되는 절망적인 사태를 맞이하였다. 조선의 이민구는 유구 벗의 망국의 비분을 어떻게 생각했을까. 머지않아 한국에도 미칠 식민지 지배의 암운이 유구에서 동아시아 지역으로 넓어지기 시작한 것을 볼 때, 조선에 돌아간 이민구가 그 뒤 어떻게 했는지 알고 싶은 생각이 든다.

『조선과 유구－역사의 심연을 찾아서朝鮮と琉球－歴史の深淵を探る』(아카미네 마모루 감역 · 김동선 외역, 榕樹書林, 2011) 제6장 하우봉 「문물 교류와 상호인식文物交流と相互認識」에 의하면, 1611년 조선의 사신 이수광李睟光(1563～1628)이 북경의 회동관會同館에서 유구 사절 채견蔡堅(1585～1647) 및 마성기馬成驥와 필담을 하고 시문을 증답했다. 그때의 모습에 대해서는 다음과 같이 기록하고 있다.

"유구 사신의 시문 소양에 대해서 '이수광의 시문을 얻어 보배로 삼기를 바랐으므로 한시를 지었지만, 채견 일행은 시문이 뛰어나지 못하였으므로 함께 창화唱和하지는 못했다'라고 평하고 있다. 이수광이 14수를 지은 데 대해 채견과 마성기는 각각 1수씩만 화답하여 이수광의 시에 대해 대등하게 화운和韻하지 못했다."

이수광과 대등하게 시의 화답을 할 수 없었던 유구의 사절이지만 그로부터 250년 정도 경과해서 채대정은 이민구에게 앞에 서술한 것처럼 화답했다. 유구도 드디어 조선의 수준에 가까워졌다고 할 수 있을까. 한시를 통한 유구와 한국의 교류 양상이 앞으로 밝혀질 것을 기대한다.

이 책이 유구 한시에 대한 흥미와 관심을 불러일으켜 유구와 한국과의 문화 교류에 일조하게 된다면 다행이라 하겠다. 번역을 한 이성혜 교수와 이 교수를 소개해 준 동명대학교 성해준 교수에게 깊이 감사드린다.

2019.6.12

장마 중 잠시 맑은 사이에 오키나와에서

우에자토 켄이치上里賢一

『琉球 漢詩選』韓国語版への序文

小著が「おきなわ文庫」の一冊として出版されたのは、1990年1月である。もうすぐ30年になろうとしている。『中山詩文集』を中心にして、その他の詩集から８人の作者の91首を選び、現代語譯と簡單な語釋をつけたものである。その小著を韓國語に翻譯し、序文を求めてこられた。翻譯者は、釜山大學の李聖惠教授である。李教授を紹介して下さったのは、東明大學の成海俊教授である。韓國に琉球漢詩の研究者がおられることを知り、喜んだものである。李教授の熱意とご勞苦に感謝と敬意を表したい。

漢詩は、東アジア漢字文化圏(中國・日本・韓國・ベトナム等)共有の文化遺産である。かつて東アジアには、中國を中心にした漢字を使用する文化圏が形成されていた。中國がアヘン戰爭(1840～42年)でイギリスに敗れると、中國を中心とする朝貢貿易体制は搖らぎ始め、東アジア世界秩序も大きな変革の波に襲われた。これ以後の西洋化の潮流は、巨大な波動となって東アジア世界を席巻し、政治や経濟をはじめ人々の生活や風俗まで浸透していった。今では韓國やベトナムでは、漢字は使用されなくなり、漢詩も旧時代の文化の一つとして、その余響を殘すだけとなっている。

琉球が東アジア漢字文化圏に參加したのは、十三世紀中葉に日本経由で漢字と仮名文字が伝わってからである。その約百年後1372年(明・洪武5)、明の洪武帝の招諭を受けて冊封体制に組み込まれると、中國との直接交流によってさまざまな文物が伝來した。漢字文化も先に入っていた日本化されたものと融合して、琉球の特色を帯びた文化が形成された。漢詩文も例外ではなく、中國と日本の漢詩文の二つの系統をルーツにしている。とくに、琉球語と日本語の言語上の親和性から、日本の漢文訓讀(翻譯の一種)は、琉球にそのまま受け入れられ、漢文受容の在り方に強い影響を与えている。

琉球は日本、朝鮮、ベトナムに比べると、ずいぶん遲れて漢字文化圈のメンバーになったが、1879年(光緒5年)日本に併合されるまでの約500年間、中國の冊封を受けて進貢使節を派遣する關係が續いた。この間、1609年に薩摩侵入があったが、薩摩に支配されながら中國との朝貢貿易を續けるという特異な地位にあった。

韓國と琉球の交流は、1389年に琉球國王察度が使臣を派遣したと『高麗史』に記録されているのに始まるという。その他韓國の『李朝實錄』や琉球の『歷代宝案』などに、使節の派遣、双方の漂流・漂着等の記録が、數多く殘されている。歴史的な交流を示すこれらの記録に比べると、漢詩を媒介にした文人の交流の樣子を示す記録は多くない。

その少ない記録の中で、琉球側に殘っている史料によると、北京や福州での出會いと交流があり、詩文の贈答があったことが知られている。例えば、琉球王國末期の蔡大鼎(1823～?)の『閩山游草』には、「和答朝鮮國進士李敏球見贈韻」(七絶)、「和李公古驛卽景韻」(七絶)、「和答李公書贈韻」(五絶)、「和答李公見贈韻」(七絶)の四首の作品がある。いずれも、朝鮮國の進士李敏球の作品に応えたものだが、殘念ながら李敏球の原韻は確認できない。「和答朝鮮國進士李敏球見贈韻」(七絶)は、「一路平安返舊山　依依情話客樓間　爲談筆墨移情甚　更願先生去又還」である。李敏球の安全な歸國を願い、親しく語り合った。承句の「客樓」は、おそらく福州の柔遠驛(琉球館)だろう。轉句の「爲談筆墨」に明らかなように、筆談によって意思を交わしたのであった。二人は再會を期して別れている。

『閩山游草』は、蔡大鼎が最初に進貢使節の存留通事として福建に旅した時の作品集である。那覇を出航したのは1860年(咸豊10)11月だが、風待ちなどをして福州に着いたのは翌年3月のことである。2年ほど滞在して1863年(同治2年)に歸國した。存留通事とは、福州の柔遠驛(琉球館)に留まって、柔遠驛での貿易等の業務に当たる通事のことである。李敏球と筆談を交わし、詩の贈答をしたのは、彼が福州に滞在したこの時である。『閩山游草』は1873年(同治12年)、『續閩山游草』、『北燕游草』と共に、福州で刊行されている。

蔡大鼎は、琉球王國末期の役人である。孝行を以て王府から表彰されるほど、高潔な人柄で知られた。進貢使節の存留通事、朝京都通事等として中國に派遣されているが、特筆されるのは、琉球が日本に併合される國家存亡の危機に当たって、琉球國王の密命を帯びて向德宏、林世功らと共に淸國に渡り、琉球王國の存續を訴える請願活動を展開したことである。林世功は、明治政府による琉球の併合、日本と清國とで琉球を分割する「琉球分島增約案」が議定されたことに抗議して、北京で自殺した。彼の辭世の句と言われる七言絶句二首は、蔡大鼎の『北上雜記』に記錄されて、後世に伝わった。

蔡大鼎と李敏球が福州で筆談を交わし、詩文の贈答をしてから十數年後(1876年)、蔡は琉球國の存續を訴えるため、明治政府の官憲の警戒網をかい潜って清國へ脱出する。しかし、彼らが清國滯在中に、琉球は日本に併合され(1879年)、「琉球分島增約案」が議定されるという絶望的な事態を迎える。朝鮮の李は、琉球の友人の亡國の嘆きを、どのような思いで見ていたのだろうか。やがて韓國にも及ぶ植民地支配の暗雲が、琉球から東アジア地域に廣がり始めたことを見ると、朝鮮に戻った李のその後を知りたい思いが深くなる。

赤嶺守 監修、金東善・他譯『朝鮮と琉球ー歴史の深淵を探る』(榕樹書林, 2011)の第6章 河宇鳳「文物交流と相互認識」によると、1611年朝鮮の使者李睟光(1563～1628)が、北京の會同館で琉球の使節蔡堅(1585～1647)、馬成驥と筆談し、詩文の贈答をした。その時の様子について、次のように記錄している。「詩文の素養について『詩文を得て宝とすることを願ったため、彼らの酬答をみようと漢詩を作ってはみたが、蔡堅らは詩文に長けておらず、ともに唱和するには至らなかった』と評している。李が14首作ったのに對し、蔡堅と馬成驥は各々1首酬答したのみで、李の詩に對して對等に和韻することができなかったようである」という。

李睟光と對等に詩の酬答ができなかった琉球の使節だが、それから250年ほど経過して蔡大鼎は李敏球と先に見たような酬答をした。琉球もやっと朝鮮のレベルに近づいたということだろうか。漢詩を通しての琉球と韓國の交流の様子が、今後明らかにされることを期待したい。

本書が琉球の漢詩についての興味と關心を喚起し、琉球と韓國との文化交流の一助になれば幸いである。翻譯に当たった李聖惠教授と、李教授を紹介して下さった東明大學の成海俊教授に心から感謝したい。

2019.6.12

梅雨の晴れ間の沖縄で

上里賢一

차례

0

유구 한시에 대하여

유구 한시와 그 시대

유구 한시는 유구왕국시대 유구 시인들이 외국어인 한어漢語로 지은 시이다. 한어라고 해도 그 한어는 구어체가 아니고 문어체이며, 시작詩作을 위해 오랜 기간에 걸쳐 연마한 것이다. 한시에는 한어가 내포하고 있는 음악적인 아름다움을 살리기 위해 운韻을 다는 것과 같은 글자의 조합이나 대어對語와 대구對句의 사용, 고사나 전고典故의 사용 등 지키지 않으면 안 되는 규칙이나 법칙이 많다. 이것을 습득해서 시를 짓고, 자신의 심정이나 사상을 교묘히 넣기 위해서는 수많은 연습이 필요하다. 일찍이 유구왕국시대에는 이런 한시를 지어 기쁨이나 슬픔, 분노나 즐거움 등의 심정을 표현한 사람들이 있었고, 그 사람들의 시집이 지금도 많이 남아 있다.

여기서 말하는 유구왕국시대는 1879년 '유구처분' 이전, 즉 유구왕국이 하나의 독립왕국으로서의 체제를 갖추고 있던 시대를 말한다. '하나의 독립왕국'이라는 것도 그 독립의 내용에 대해서는 여러 가지 다른 평가가 있겠지만 유구 한시의 발생과 그 전개를 보았을 때, 지금 당장은 그것을 깊이 탐색할 필요는 없을 것 같다. 물론 유구 한시가 시대나 정치의 영향 밖에 있었다는 의미는 아니고 어디까지나 시대를 한정한다는 의미이다.

그렇다면 1879년 이후에 지어진 한시는 유구 한시라고 부를 수 없는가, 왜 그것은 배제해야 하는가라는 의문이 당연히 생길 것이다. 확실히 메이지시대 이후에도 한시는 지어졌다. 그러나 이 시대의 한시는 그 이전의 한시와 비교해서 담당자와 수용자 층의 깊이와 넓이, 교양과 학문의 기초로서 한학의 위치, 문단에서 차지하는 한시의 중요성에서 큰 차이가 있으므로 동일선상에서 논할 수는 없다. 또 앞으로도 한시가 옛날 유구왕국시대처럼 유구문학의 중요한 장르의 하나로 중국이나 일본 본토의 시인들을 끌어들여서 장대한 전개를 보이는 시대는 끝내 오지 않을 것이다. 이러한 생각이 유구 한시의 시대를 1879년의 '유구처분' 전후로 일단 나누어 끊는 이유이다.

유구 한학의 시작

유구에서 한시가 지어지기 시작한 것은 언제쯤일까. 현재 확실한 것은 말할 수 없다. 다만 한자는 13세기 중반경에 히라가나와 함께 일본에서 온 승려 혹은 일본에 유학한 승려들에 의해 전해졌다. 가장 일찍 도래한 승려는 함순● 연간에 도래한 선감禪鑑이다. 그는 영조왕英祖王(1229~1299)이 창건한 우라소에浦添의 극락사極樂寺에 머물렀다. 그로부터 거의 100년 뒤인 1365년경, 뇌중법인賴重法印이 유구에 와서 파상산波上山에 호국사護國寺를 열었다. 다시 약 100년 정도가 지나 개은●이 1492년에 창건한 원각사圓覺寺의 개산조開山祖가 되었다. 그들은 불경을 중심으로 하는 서적의 전래자로서 당연히 한적漢籍의 전래자일 것으로 생각된다. 이 보다 앞서 1427년에는 유구에서 가장 오래된 석비石碑인 「안국산수화목지기비」●

함순(咸淳) : 송(宋)나라 도종(度宗)의 연호로 1265~1274년까지 사용되었다.

개은(芥隱) : 1456년에 유구에 와서 1495년에 죽었다.

「안국산수화목지기비(安國山樹華木之記碑)」 : 당시 국상(國相)이던 명나라 사람 회기(懷機, ?~?)가 수리성의 외원(外苑)으로서 수리성 앞에 있던 안국산 북쪽에 용담(龍潭)을 파고 남쪽에는 물견대(物見台)를 쌓아 소나무, 잣나무, 단풍나무 등 각종 이름난 나무를 심어 사람들이 거닐며 쉴 수 있는 장소를 건축한 경위를 새긴 비석이다.

가 세워진 것을 시작으로 1400년대에는 수많은 석비가 세워졌다. 비문은 승려가 썼으며, 이 시기부터 사찰의 종명鐘銘 역시 승려들에 의해 지어졌다.

뇌중법인이 유구에 와서 얼마 지나지 않은 1372년, 명나라 태조는 유구에 사자使者를 보내 초유招諭를 내렸으며, 이것을 받고 중국에의 진공이 시작되었다. 진공이 시작되기 전, 명나라 태조는 항해 및 왕복 문서 작성의 지도를 위해 민인閩人(복건인) 36성姓을 보냈다. "대부분이 주공舟工이었지만 학식 경험자와 최초로 정치고문에 중용된 사람도 있었다. 그들의 거주지는 나하那覇의 한 모퉁이에 있었고 이주 당시 당영唐營이라고 했는데 뒤에 당영唐榮으로 고쳤다. 그 뒤 쿠메무라久米村라고 한 듯하다."(『沖繩文化史辭典』, 東京堂) 이 외에도 1392년부터 1413년까지 약 20년간 25인의 관생, 즉 국비 중국 유학생이 파견되었다(仲原善忠, 「官生小史」에서 말하는 제1차 관생). 그러나 이 시기의 관생은 주목할 만한 성과를 내지 못한 채, 1482년까지 약 70년간 파견이 중지되었다.

승려들의 도래渡來, 중국과의 공식 외교 관계의 시작, 민인 36성의 도래, 유학생의 파견은 유구의 학문적 기풍을 높이는 데 큰 자극이 된 것이 틀림없다. 한시의 성과는 없다 하더라도 13세기 중반부터 15세기에 걸쳐 유구 한학의 꿈틀거림이 시작된 시기라고 보아도 좋을 것이다.

사츠마의 유구 침입과 유구의 한학

1609년 사츠마薩摩의 유구 침입은 한학 방면에도 큰 영향을 주었다. 1632년에 사츠마의 유학자 토마리 조치쿠泊如竹(1570~1655)가 도래하여 훈독법을 전한 것은 특필할 만한 일이다. 토마리 조치쿠는 난뽀 분시南浦文之(1555~1620)의 제자로 사츠마 번주 시마즈 미츠히사島津光久(1616~1695)의 시독侍讀을 지냈다. 그는 3년간 유구에 머물렀는데 그 사이 국왕을 비롯한 많은 사람들이 문지점•에 의한 한문 훈독법을 배웠으므로 그 이후 학습법의 주류가 되었다.

문지점(文之點) : 무로마치시대 말기 고덕승인 케이안 겐주(桂庵玄樹, 1427~1508)가 시작한 훈독법이다. 이것을 제자인 난뽀 분시에게 전했고, 난뽀 분시는 이것을 받아서 문지점이라는 훈독법을 연구했으며, 그의 고제인 토마리 조치쿠에게 전했다.

1762년 여름, 사츠마로 가던 유구의 관선官船이 일본 코우치켄高知縣 토사土佐의 오오시마大島에 표착했다. 그때 토사번의 유자儒者인 토베 겐잔戶部良熙이 사자使者인 시오히라 모리나리鹽平盛成 등의 사람들에게 수리왕부首里王府의 정치와 문화 등에 대해 묻고 정리하여 기록한 『대도필기』가 있다. 그 가운데 '쿠메무라의 학관學官은 본 당영에서 하는 대로 직독으로 가르친다. 그것을 강관講官으로부터 국독國讀에 통하도록 배운다. 점본點本은 사츠마의 승려 난뽀 분시가 전한 문지점을 사용한다'라고 말하고 있는 것에서도 그 당시 토마리 조치쿠가 전한 훈독법이 꽤 보급된 것을 알 수 있다.

여러 사찰의 승려 역할은 이전과 그다지 변함없이 컸을 것으로 생각된다. 1534년에 도래했던 진간陳侃의 『사유구록使琉球錄』은 현존하는 역대 책봉사록 중에서 가장 오래된 것이다. 그 내용 중 "천계사天界寺라는 것도 있고, 원각사圓覺寺라는 것도 있는데, 이는 가장 큰 사찰이고 나머지 작은 사찰은 다 적을 수가 없다.

(…중략…) 좌우에는 모두 경전 수천 권을 보관하였다. (…중략…) 차 끓이는 법을 안다"(『那覇市史』 제1권 3 「책봉사록관계자료」)고 하면서, 승려에 의해 경전과 함께 차 끓이는 법까지 전해지고 있음을 기록하고 있다. 그 이후의 책봉사록에도 승려가 시작詩作을 이룬 기사 등이 기록되어 있고, 승문僧門 한학의 중요성을 표시하고 있다.

한편 70년간 중단되었던 관생 파견은 1482년부터 쿠메무라 자제에 한정되어 파견되었고, 1579년까지 부정기적이었다가 그 뒤 1758년까지는 책봉의 사은사 파견을 따라서 40명이 넘는 유학생을 보냈다. 이 시기의 유학생은 초기의 관생과 비교하면 꽤 성과를 거두고 있다. 그러나 한시 분야에서는 관생보다도 근학• 등의 사적인 형태로 유학한 사람이 좋은 성적을 거두었다.

근학(勤學) : 사비로 중국에 유학 가는 것이다. 유구에서 중국으로 유학 가는 방법은 사비유학인 근학과 국비유학인 관생의 두 길이 있었다. 이 중에서 사비유학생인 근학은 주로 수재나 통사반의 학생들이 독서습례(讀書習禮)를 위해 복주로 가는 것으로 가장 성행한 일반적인 경우였다. 그러나 아무나 자유로이 가는 것이 아니고 왕의 허락을 받아야 했다.

『중산시문집中山詩文集』의 성립

사츠마의 유구 침입 후, 1761년 채온蔡溫의 죽음으로 한 시대가 끝나는 이 시기는 훈독법의 보급에 자극되어 유구의 한학은 순식간에 수준이 높아졌다. 유구 한시의 융성기라고도 한다. 여러 성과 가운데 가장 주목해야 할 것은 1725년에 유구 최초의 한시문집인 『중산시문집中山詩文集』이 편찬되었다는 것이다. 이 시집은 정순칙程順則이 쿠메무라의 시인을 중심으로 문장과 시를 모아 편집한 것이다. 편집자인 정순칙의 작품이 절반을 점하고, 수록된 시인의 수도 많지 않은 것이 좀 못마땅하지만 필시 편집과 출판 작업의 대부분을 그 자신이 떠맡았을 것으로 생각되어 그것을 책망하는 것은 심한 것 같다.

이보다 앞서 1705년에 중국에서 『황청시선皇淸詩選』이 나왔는데, 그 가운데 유구 시인의 작품이 70수 가까이 수록되어 있다. 대부분이 『중산시문집』에 수록된 작품과 겹치므로 유구의 시를 중국에 소개한 사람은 정순칙일 것이라고 생각된다. 『황청시선』에는 청나라를 중심으로 주변의 조공국인 조선, 안남(베트남), 유구 등의 시인 작품이 수록되어 있다. 그렇다고 해도 이 정도 수의 작품이 중국에서 출판된 시집에 들어갔다는 것은 주목할 만하다.

이 시기 한시문의 성과로는 『중산시문집』에 수록된 『집규당시초執圭堂詩艸』(증익曾益), 『관광당유초觀光堂遊艸』(채탁蔡鐸), 『설당연유초雪堂燕遊草』(정순칙), 『취운루시전翠雲樓詩箋』(주신명周新命) 등을 비롯하여 『한창기사寒窓紀事』(채조공蔡肇功), 『사본당시문집四本堂詩文集』(채문부蔡文溥), 『담원시문집澹園詩文集』(채온) 등을 들 수 있다. 한편 이들 작품집의 작자는 모두 쿠메무라 출신이다.

단연 이 시기는 정순칙의 존재가 빛난다. 그는 다섯 번 중국에 갔는데 그때마다 대부분 문헌을 산다든지, 자신의 저작이나 중국 문헌을 판각해서 가지고 돌아왔다. 『십칠사十七史』, 『황청시선』, 『침산루과아시화枕山樓課兒詩話』(정순칙의 선생인 진원보의 저술) 등도 그렇지만 자신의 저술 『지남광의指南廣義』와 같은 시기(1708)에 사비를 들여 복주에서 간행하여 가지고 돌아온 『육유연의六諭衍義』는 곧 일본 각지의 테라코야•의 교과서

테라코야(寺子屋) : 일본 에도시대에 서민 자제들을 가르치던 사설 교육기관이다.

가 되었다. 그는 중국의 문물 소개자 · 전래자로서 눈부신 활약을 했을 뿐만 아니라, 시와 문장에서도 뛰어난 성과를 남겼다.

수리* 한학의 발전

* 수리(首里) : 유구왕국의 도성이 있던 지역으로 현재 수리성이 복원되어 있다.

중국과의 진공 무역과 관련한 사무나 항해 기술적인 것에 관해서는 쿠메무라에 사는 복건의 이주자 자제들이 전담했다. 관생도 초기의 관생을 제외하고는 모두 쿠메무라의 자제들이 독점했다. 이를 개혁한 사람은 약관 11세에 즉위한 상온왕尙溫王이다. 1797년(상온 3) 시강 채세창蔡世昌(쿠메무라 출신으로 1758년의 관생)의 건의로 쿠메무라와 수리에서 각각 반수半數씩 관생을 선발하게 하였다. 기득권을 침해당한 쿠메무라는 당연히 맹렬하게 반대하여 대소동인 이른바 관생소동을 일으켰다.

이 결정이 있은 다음 해인 1798년에는 수리에 국학이 창건되었고, 1801년(상온 7)에는 이전한 새로운 부지에 교사校舍가 낙성되어 상온왕 자신의 손으로 쓴 '해방양수海邦養秀'(역자—유구국 수재 양성)라는 편액을 걸었다. 이런 일은 수리가 정치와 학문의 중심으로서 지위를 강화해 가는 과정을 나타내며, 이후 유구의 한학은 수리와 쿠메무라 두 곳을 중심으로 하여 양자가 경쟁하면서 발전했다. 이 시기에 나온 한시집에도 이런 시대의 동향이 반영되어 있다는 것은 말할 필요도 없다.

이 시기에는 『사지당시고四知堂詩稿』, 『유관필담琉館筆譚』, 『중국 책봉사 도래 때의 정・부사 및 종객과 유구 시인・학자와의 창화中國冊封使渡來の時の正副使及び從客と琉球詩人學者との唱和(詩)』(이상 양문봉楊文鳳), 『동유초東遊草』(동국흥東國興 등), 『동국흥시고東國興詩稿』(동국흥), 『민산유초閩山游草』・『북연유초北燕游草』・『북상잡기北上雜記』(이상 채대정蔡大鼎), 『유구시록琉球詩錄』・『유구시과琉球詩課』(관생의 시집으로 임세공林世功 등의 것과 동국흥 등의 것 두 종류가 있다), 등 많은 개인 시집과 그 합책본이 나왔다. 그 가운데 양문봉과 동국흥은 수리 출신이고, 채대정과 임세공은 쿠메무라 출신이다.

책봉사와 그 종객들의 영향

유구 한시문의 변천을 볼 때, 1372년부터 1866년까지 25차례에 걸친 책봉사의 내방과 그 종객들의 존재를 가벼이 보아서는 안 된다. 서보광徐葆光(1719년 도래)의 『봉사유구시奉使琉球詩』, 조문해趙文楷(1800년 도래)의 『사상존고槎上存稿』, 왕문치王文治(1756년 도래)의 『해천유초海天遊草』(『왕몽루시집王夢樓詩集』2) 등을 시작으로 많은 시와 글이 남아 있다. 유구의 시인이나 학자들은 그들과의 교류를 통해서 큰 자극을 받은 것이 틀림없다.

또 유구의 시인들이 사츠마나 에도에 사자로 가서 그 땅의 시인・관리들과의 만남의 모습, 여행 중에 본 풍경 등을 한시로 노래한 것이 있는 한편, 그 땅의 사람들이 유구 사람들과의 교류나 만남을 통해서 얻은 유구의 인상 등을 읊은 것도 있다. 『평수

기상萍水奇賞』(1790년 경하사 행지친방幸地親方 마극의馬克義 등 3인과 삼하三河 사람 카와무라 마스네 등 5인과의 창화), 『유구백운琉球百韻』 등은 그 일부이다.

책봉사의 시집이나 일본 본토 시인들의 작품을 물론 유구 한시라고는 말하지 않는다. 그들은 유구 한시의 범주 밖에 있으므로 엄밀히 구별해야 한다. 그러나 유구를 제재로 해서 지어진 이들 작품은 유구 한시의 전체상을 파악하는 데 귀중한 자료를 제공해 준다. 그런 의미에서 이들 자료는 크게 활용해야 할 중요한 자료이다.

1

정순칙程順則

(데이준소쿠, 1663~1734)

정순칙은 쿠메무라 사람으로 그의 아버지는 수리의 경아파근 친운상 실기京阿波根 親雲上 實基●의 5세손 외간축등지外間筑登之● 실방實房의 차남으로 정씨程氏를 이어 정태조程泰祚가 되었다. 정태조는 1673년에 진공도통사가 되어 중국 복주에 갔다가 항구 밖에서 해적선 13척에게 피습되었다.

유구사족의 이름은 '가명(家名)－칭호(稱號)－나노리(名のり)'로 붙인다. 따라서 '京阿波根 親雲上 實基'는 京阿波根(가명)－親雲上(칭호)－實基(나노리)이다. 친운상은 상급사족으로 친방(親方)의 아래이다. 유구의 칭호는 '왕족(왕자, 안사)－상급사족(친방, 친운상)－하급사족(里之子, 筑登之)－평민'으로 나눈다.

'축등지(筑登之)' : 하급사족의 칭호이다.

오전 8시경부터 오후 4시경까지 싸웠는데, 정태조도 중상을 입어 복주에서 치료하고 다음 해 북경까지 가서 사명을 완수했다. 귀국길에 소주蘇州까지 왔을 때, 복주에서 경정충●이 반란을 일으킨 것을 알고 소주 외곽의 천비궁에 체재하고 있던 중에 병사病死하여 그곳에 묘를 만들어 안장되었다. 정순칙이 북경에서 귀국할 때, 이 묘소를 방문하여 아버지의 혼령을 위로한 시는 아버지를 사모하는 정이 잘 들어난 명시이다.

경정충(耿精忠, ?～1682) : 청나라 초기의 무장으로 정남왕(靖南王) 경계무(耿繼茂)의 장남으로 아버지의 공로로 우대받다가 1671년 아버지가 죽자 군대와 왕위를 계승하였다. 1673년 광동의 상지신(尙之信)이 반란을 일으키자 이에 호응하여 운남의 오삼계와 삼번의 난을 일으켰다.

정순칙은 다섯 번 중국에 건너갔는데 21세 때에는 복주에 학문 수행을 위해 가서 4년간 머물고 귀국했다. 27세 때는 접공존유통사로서 복주에 머문 것이 3년으로, 이때 유구관琉球館 내에 토지사土地祠와 숭보사崇報祠를 세웠다. 토지사는 토지신을 제사하는 곳이고, 숭보사는 복주에서 죽은 유구인의 혼령을 제사하는 곳이다. 귀국할 때 자신의 돈으로 『십칠사十七史』(중국의 역사서) 전 1,592권을 사와서 공자묘에 바쳤다.

34세 때에는 진공북경대통사가 되어 중국에 갔고, 44세 때에는 진공정의대부가 되었는데, 귀국할 때 『육유연의六諭衍義』 1부, 『지남광의指南廣義』 1부를 판각해서 귀국했다. 『육유연의』 6조목의 교훈은 '부모에게 효도하라 · 어른에게 공경하라 · 향리 사람들과 화목하라 · 자제를 교훈하라 · 삶을 편안히 하라 · 잘못을 짓지 말라'이다. 이는 명나라 태조 홍무제가 국민교육을 위해 평이하게 해설한 것으로 유구에서도 널리 교육되었고, 사츠마의 번주 시마즈 요시타카島津吉高를 통해 에도의 8대 장군인 도쿠가와 요시무네德川吉宗에게 헌상되어 테라코야의 교과서로 널리 사용되었다. 『지남광의』는 복주와 유구 사이의 항해를 위한 지남서로 뱃사람이나 책봉사의 왕래에 큰 도움이 되었다.

58세 때에는 상경왕尙敬王의 책봉사 해보海寶와 서보광의 귀국 송별사로 법사왕구法司王舅 향룡익向龍翼과 함께 북경까지 갔다. 귀국할 때 30권 1부인 『황청시선皇淸詩選』 수십 부를 자비로 사서 가지고 돌아왔다. 귀국하여 이 시집을 왕부의 서원에 1부, 공자묘에 1부, 평정소評定所에 1부를 바치고 나머지는 스승과 벗에게 배분했다. 『황청시선』은 중국 황제의 시와 청나라의 공경公卿 · 석학碩學 · 대유大儒의 시로부터 조선 · 유구 · 베트남인 등의 시까지를 모은 것이다. 그 가운데에는 상순尙純 · 상홍의尙弘毅 외에 유구인 25명의 시 69수가 수록되어 있다.

56세 때에는 공자묘 내에 명륜당을 건립하여 학교를 정비했는데, 유학儒學을 기본으로 하는 교육으로 자신도 그 가르침을 실천하고 유구인에게도 가르쳐 큰 교육자가 되었다. 정순칙은 학문 · 시문에 뛰어나 항해 안내서인 『지남광의』, 유구 유학의 역사를 적은 『묘학기략廟學紀略』, 유구 최초의 시문집 『중산시문집中山詩文集』 등을 저술했고, 많은 비문을 남겼다. 시에 대해서는 책봉부사 서보광으로부터 높은 평가를 받아 서보광이 『해박집

海舶集』이라는 시집을 썼을 때 이것을 정순칙에게 보내 비평을 구하기도 했다.

51세 때에는 장군將軍 계승의 경하사가 에도에 올라갈 때, 장한사掌翰史가 되어 궁리친운상宮里親雲上의 이름으로 정・부사를 따라 상경했다. 정순칙의 문명文名은 에도에도 알려져 있었다. 에도에서 귀국하는 도중에 쿠사츠草津에서 섭정 코노에 이에히로●에게 초대되어 그의 교토 카모가와鴨川 별장에 있는 물외루物外樓에 대해 시를 썼다. 정순칙은 그 훈공으로 56세에 삼사관●대우三司官待遇가 되었고, 66세에 나고 간절● 총지두名護間切總地頭에 임명되었다. 그는 덕행이 뛰어나 세상 사람들로부터 '나고성인名護聖人'이라고 불렸으며, 술주정뱅이도 정순칙의 문 앞을 지날 때는 '쉿' 하였다고 한다. 그가 죽었을 때 재산은 없고, 서적만 남아 있었다고 한다.

코노에 이에히로(近衛家熙, 1667~1736) : 에도 중기의 공경(公卿)으로 관백(關白)・태정대신(太政大臣)에 이르렀다.

삼사관(三司官) : 종1품으로 친방의 칭호를 받는다.

간절(間切, 마기리) : 유구왕국시대의 행정 구분으로 현재의 시(市)・정(町)에 해당된다.

東海朝曦	**동해의 아침 햇살**(「동원팔경」 8수 중 제1수)
宿霧新開敞海東	자욱한 안개 걷히니 바다 동쪽 툭 트이고
扶桑萬里渺飛鴻	부상● 만 리 아득히 기러기 날아가네.
打魚小艇初移掉	고기 잡는 작은 배 처음 노를 움직이니
搖得波光幾點紅	흔들거리는 파도 빛 몇 점이나 붉은가.

▪『설당잡조雪堂雜組』 제일 처음에 게재되어 있다. 수리성의 동쪽, 어다옥어전御茶屋御殿이 있는 언덕에서 동쪽 바다를 바라보며 지은 시이다. ▪ 조희朝曦 : 아침 햇살.

부상(扶桑) : 동쪽 바다의 해가 뜨는 곳에 있다는 신성한 나무로, 여기서는 동쪽 바다를 뜻한다.

동쪽 바다 위에서 아침 해가 떠오르자 바다 위를 덮고 있던 아침 안개가 사라지고 넓은 바다가 나타났다. 아직 밝지 않은 하늘 만 리 저쪽에는 새들이 작은 모습으로 날아다닌다.

바다에서 그물을 펼친 작은 배가 장소를 바꾸려고 노를 움직이자 바닷물이 출렁출렁 흔들리며 파도가 아침 해에 반짝반짝 빛난다.

南郊麥浪	**남쪽 들녘의 보리물결**(「동원팔경」 8수 중 제3수)
錦阡繡陌麗南塘	사방이 비단 물결 고운 남쪽 연못
天氣淸和長麥秧	날씨가 화창하여 보리가 잘 자랐구나.
一自東風吹浪起	한 차례 동풍이 불어와 물결을 일으키자
綠紋千頃映溪光	푸른 무늬 천 이랑이 시냇물에 비쳐 반짝이네.

▪ 이 시도 필시 수리성 동쪽 어다옥어전이 있는 언덕에서 바라본 것이다. ▪ 맥陌 : 경작지 사이에 동서로 나있는 길. ▪ 천阡 : 남북으로 통하는 논두렁길.

비단을 깔아 놓은 듯한 동서의 논두렁 길, 수를 놓은 듯한 남북의 논두렁 길, 남쪽으로 펼쳐진 연못이 무척 아름답다. 날씨는 맑아 부드럽고 보리는 잘 자라서 이삭이 영글었다.

한 차례 동풍이 불어와 보리 물결을 일으키자 천 이랑이나 되는 넓은 보리밭은 푸른 무늬가 물결치고, 골짝이 시냇물에 비춰 반짝인다.

北峯積翠 **북쪽 봉우리에 쌓인 비취빛**(「동원팔경」 8수 중 제4수)

北來山勢獨嵯峨	북쪽에서 내려뻗은 산 홀로 우뚝 솟아
葱鬱層層翠較多	겹겹이 울창하여 비취빛 많기도 하네.
始識三春風雨後	이제야 알겠다, 봄날 비바람 뒤에
奇峯如黛擁青螺	눈썹처럼 푸른 산을 에워싼 기이한 봉우리.

▪ 같은 장소에서 바라본 먼 경치가 이번에는 북쪽 풍경이다. 남쪽의 완만한 전원과는 다른 북쪽에는 산이 높이 솟아 있다. ▪ 차아嵯峨 : 산이 높이 솟아 위험한 모양. ▪ 총울葱鬱 : 초목이 울창하게 우거진 것. ▪ 층층層層 : 여러 겹으로 겹쳐져 있는 모양. ▪ 삼춘三春 : 맹춘孟春(1월) · 중춘仲春(2월) · 계춘季春(3월)의 봄 석 달. ▪ 청라青螺 : 푸르고 푸른 산의 모양.

울창한 초목이 몇 겹이나 겹쳐져 산이 푸름을 다투고 있는 듯하다.

그런 풍경을 처음 보고 깨달았으니, 이 계절은 봄의 끝으로 비가 잔뜩 내린 뒤이다. 우뚝 솟은 산들은 검은 눈썹처럼 짙은 푸른색으로 빛나고 있다.

松徑濤聲 **소나무길 솔바람 소리**(「동원팔경」 8수 중 제7수)

行到徂徠萬籟淸	걸어서 솔숲에 이르니 바람 소리 맑고
銀河天半早潮生	하늘 가운데 은하는 아침 조수를 이루네.
細聽又在高松上	높은 소나무에서 나는 소리 가만히 들어보니
葉葉迎風作水聲	나뭇잎들이 바람 맞아 파도 소리를 내네.

▪ 조래徂徠 : 오감, 왕래를 의미한다. 또 중국 산동성 태안현의 동남에 있는 산의 이름이기도 하다. 『시경』 「노송魯頌」 「비궁閟宮」에 "조래산의 소나무, 신보산의 잣나무(徂來之松, 新甫之柏)"라고 노래하고 있는데, 여기서는 소나무가 많은 언덕을 의미하고 있는 듯하다.

걸어서 솔숲에 갔더니 모든 사물의 소리가 맑다. 은하는 하늘 가운데에서 빛나는데, 마치 아침 조수가 가득 밀려오는 듯한 소리가 있다.

그러나 자주 귀를 맑게 하는 그 소리는 높은 소나무 끝에서 들려오는 소리로 소나무는 잎이 바람을 맞아, 바람이 불 때마다 파도가 불어오는 듯한 소리를 낸다.

寄贈物外樓隱君子	**물외루의 은군자에게 부치다**(4수 중 제1수)
閑居物外謝浮華	번잡한 세상을 떠나 물외에서 한가로이 지내며
玩月題詩試露芽	달을 보며 시를 짓고 차를 마시네.
聞道鴨川淸且勝	듣건대, 압천은 맑고 경치 또한 좋다니
羨君坐臥樂烟霞	자연을 즐기며 생활하는 그대가 부럽구려.

이 시는 1714년(상경 2)에 토쿠가와 이에츠구•의 장군 취임 경하사 여나성왕자與那城王子 조직朝直 및 상경왕 취임 사은사 금무왕자金武王子 조우朝祐의 장한사掌翰史로서 정순칙이 수행했던 때에 지은 것이다. 이때까지 그는 청나라에 4번 갔다 왔는데, 에도에 가는 것은 이번이 처음이었다. 1714년 5월 26일 나하에서 배를 타고 6월 8일 가고시마에 도

토쿠가와 이에츠구(德川家繼, 1709~1716) : 에도막부 제7대 장군(재임 1713~1716)이다.

착했다. 그리고 11월 26일 에도에 도착하여 12월 21일 여러 공무를 마치고 에도를 떠나 다음 해인 1715년 정월 초9일 쿠사츠草津역에 도착했다. 거기서 섭정 코노에 이에히로공에게 시 4수를 드렸다. 원왕원願王院 곤노소우조우● 헨준●이 이에히로공에게 드리기 위해 정순칙에게 부탁했다고 한다. 물외루는 교토 카모가와에 있는 이에히로공의 별장이다. '물외'는 세상일을 떠난 장소로 속세의 밖이다. 정순칙은 이 최초의 에도 상경에서 아라이 하쿠세키●와도 면담했다. 정순칙이 중국에서 가져와 일본 전국에 퍼뜨린 『육유연의』는 이 에도 상경 때에 사츠마에 헌상된 것이다. 학자로서 또 시인으로서 정순칙의 이름은 사츠마를 거쳐 에도까지 알려졌다.

곤노소우조우(權僧正) : 불교 승계에서 승정(僧正)의 다음 지위를 말한다. 승정(僧正)은 승강(僧綱)의 하나로 승단, 승가와 비구니를 관리하는 승관(僧官)이다.

헨준(徧詢) : 치슈우(智周, 1659~1743)의 자(字)이다. 에도시대 천태종 승려이다. 시가현(滋賀縣) 오우미(近江) 출신으로 오우미 호포관음사(芦浦觀音寺) 조순(朝舜)의 제자이다. 에도 관영사 명왕원의 주지를 역임했다. 1709년 가고시마현에 불일사(仏日寺)를 열었다. 호는 원왕원(願王院)이며, 저작에 『태종이백제(台宗二百題)』가 있다.

아라이 하쿠세키(新井白石, 1657~1725) : 에도시대 중기의 정치가이자 주자학자이다. 이름은 키미요시(君美)이고, 하쿠세키(白石)는 호이다.

▪ 부화浮華 : 번잡한 세상. ▪ 노아露芽 : 차의 다른 이름. ▪ 좌와坐臥 : 앉았다가 누웠다가 하는 것으로 일상에서 일어나거나 자거나 하는 것.

물외라는 탈속적인 이름의 풍류와 아취가 있는 별장에서 번잡한 세상을 떠나 생활하며 달을 감상하고 즐겁게 시를 짓고 차를 마시는 즐거움.

들은 바에 의하면 물외루에 있는 압천은 그 흐름이 맑고 경치도 좋다고 하니 그와 같은 곳에서 자연을 즐기며 생활하고 있는 공이 부럽다.

寄贈物外樓隱君子	물외루의 은군자에게 부치다(4수 중 제2수)
幽韻蕭然逈出塵	그윽한 정취와 적막함으로 속세를 멀리 벗어나
野鷗江鷺日相親	갈매기와 백로와 날마다 친하네.
樓頭半榻高懸處	누각에는 반탑半榻이 높이 걸려 있고
山水淸暉護主人	산수청휘가 주인을 보호하네.

■ 유운幽韻 : 그윽한 여운, 깊은 정취. ■ 소연蕭然 : 쓸쓸한 모양. ■ 출진出塵 : 속세로부터 벗어나는 것. ■ 구로鷗鷺 : 갈매기와 백로. 구로맹鷗鷺盟(풍류적인 교제) 등으로 사용한다. ■ 산수청휘山水淸暉 : 『정씨가보程氏家譜』에는 "누각 위에 '산수청휘지처山水淸暉之處'라는 여섯 글자의 편액이 있다(樓上有山水淸暉之處六字匾額)"고 기재되어 있다. 이 시에는 "공경히 전 섭정 태정대신 코노에 이에히로공의 고은高隱에 드리는 글"이라는 문장이 서문처럼 추가되어 있다.

사람들이 사는 마을과 떨어진 깊고 쓸쓸한 곳, 탈속의 분위기가 가득하고 갈매기와 백로 등의 수조가 날마다 압천에서 노닌다.

물외루의 한 방에는 반탑이 걸려 있고 벽 위에는 '산수청휘山水淸暉'라 쓴 편액이 주인을 지키는 듯이 걸려 있다.

이때 에도로 올라간 정순칙은 아라이 하쿠세키와 그 외 에도의 문인들과 교류할 기회를 가졌는데 거기에 대해서는 여기서 언급하지 않겠다. 다만 하쿠세키에 대해서는, 정순칙이 에도를 방문하기 이전에 이미 유구인에 의해서 청나라에까지 하쿠세키의 시집이 전해졌다. 청나라의 한림원 학사 정임약鄭任鑰이

쓴 서문을 붙인 것이 『백석여고白石餘稿』로 출판되어 유구를 거쳐 하쿠세키에게 도착하여 하쿠세키와 친구들을 놀라게 했다고 한다(宮崎道生, 『新井白石斷想』, 近藤出版). 그러므로 정순칙도 당연히 하쿠세키의 이름을 알고 있었을 것이다. 정순칙은 하쿠세키보다 6살 적지만 에도로 갈 때 이미 50세가 넘었고 청나라에 4번이나 갔다 왔던 관리로서나 시인으로서도 원숙한 경지에 도달해 있었으므로 하쿠세키와의 교류에 자신감이 가득했을 것이라고 상상할 수 있다. 하쿠세키에게 남도南島에 대한 관심을 높여 『남도지南島志』 집필의 의욕을 견고하게 하는 재료를 제공했을 것이라는 점을 지적하고자 한다.

정순칙의 시인으로서 최대의 업적은 『중산시문집』(1725)의 편집일 것이다. 유구 최초의 시문집으로 쿠메무라 계통의 학자·시인의 작품을 모은 것이지만 편집 책임자인 정순칙의 작품이 절반을 점하고 있다. 그 가운데에서도 『설당연유초雪堂燕遊草』가 빛난다. 그는 1683년(21세) 처음으로 청나라로 건너가 복주에서 진원보陳元輔를 스승으로 하여 4년간 공부한 것과 1720년(58세) 청나라에 간 것을 포함하여 5번 중국에 갔다. 『설당연유초』는 1696년(34세) 3번째로 중국에 갔을 때, 복주에서 북경을 왕복하던 도중의 풍물과 심정을 붙인 것이다.

정순칙 일행은 다음 해 5월 24일 복주를 출발한 후, 8월 24일 북경에 도착하여 1개월 정도 머물고 9월 23일 북경을 출발하여 12월 26일에 복주로 돌아왔다. 수록 작품은 약 7개월간에 읊은 것이다. '설당雪堂'은 정순칙의 아호이고, '연燕'은 연경(북경)을 뜻한다. 다음에는 이때의 여정을 따라 작품을 보고자 한다.

瓊河發棹	경하에서 배를 타고
朝天畫舫發瓊河	천자를 뵈려고 배를 타고 경하를 출발하여
北望京華雨露多	북쪽으로 북경을 바라보니 비와 이슬 가득하네.
從此一帆風送去	이곳에서부터 돛대에 바람이 불어와
扣舷齊唱太平歌	뱃전을 두드리며 함께 태평가를 부르네.

▪ **경하**瓊河 : 복주 유구관 앞으로 흘러 민강閩江으로 들어간다. ▪ **조천**朝天 : 천자에게 알현하는 것. ▪ **경화**京華 : 북경을 말함. ▪ **태평가**太平歌 : 태평시대를 칭송하는 노래인데 여기에서는 중요한 사명使命을 띠고 여행길에 오른 일행의 안전을 기원하는 노래.

천자를 알현하기 위해 아름답게 꾸민 배로 경하를 출발하여 북쪽 천자가 있는 북경 쪽을 바라보니 비와 이슬이 가득하다. (이는 천자의 은택이 가득한 모습을 표현한 것이다.)

여기서부터 돛을 올려 순풍을 받아 민강을 거슬러가니 해안에서 송별하는 사람들도 소리를 모아 뱃전을 두드리며 태평가를 부른다.

유구의 진공사 일행은 복주에 도착하여 대부분은 복주의 유구관에 머물고, 20명에서 30명 정도의 관리가 북경까지 간다. 일행은 먼저 배로 민강을 거슬러 올라가 연평延平(지금의 남평시)을 지나 옆의 지류인 건계建溪로 들어가서 포성浦城으로 향한다. 포성에서 육로를 택해 선하령仙霞嶺을 넘어 절강성으로 들어가서 운하와 육로를 이용해 북경에 이른다. 거의 3개월의 여정이다.

黯淡灘	**암담탄**(2수 중 제2수)
不怕灘水滿	가득한 여울물 두렵지 않으나
只愁竹纜斷	대나무 줄 끊어질까 걱정이네.
把得此心牢	이 마음을 굳게 잡고
過灘自平坦	여울을 지나니 절로 편안하네.

▪ 암담탄黯淡灘 : 복건성 남평현 북오리의 동계東溪 가운데에 있다. 동계에는 5개의 여울, 분탄汾灘 · 죽림후탄竹林後灘 · 고동탄高桐灘 · 착탄鑿灘 · 암담탄이 있는데 암담탄이 가장 험하다. 당나라 대순 2년(891)에 승려 무시無示라는 사람이 여기에 암자를 지으려고 공인工人을 모으고 암자를 열었다. 뒤에 암자 이름을 암담원이라고 했다(顧祖禹, 『讀史方輿紀要』 卷97 '남평현' 참조). 암은 암暗과 음도 의미도 서로 통한다. 『복건통지福建通志』에 의하면 송나라 가사도●가 순주循州로 유배 갈 때 여기를 지났다고 한다. 다만 여기에는 장소가 남평현 동쪽이라고만 되어 있다. ▪ 죽람竹纜 : 대나무로 만든 배를 매는 밧줄. 람은 배가 정박할 때, 배를 연결하는 것으로 항해 중의 배를 표현하는 것으로는 부자연스럽다. 복주에서 북경을 향해 갈 때에는 민강을 거슬러 가기 때문에 흐름이 급하여 얕은 여울이 있는 곳에서는 해안에서 배를 끌어당긴다고 생각된다. 여기의 죽람은 배를 끌어당겨 앞으로 나아가게 하기 위한 줄이라고 보면 좋을 듯하다.

가사도(賈似道, 1213~1275) : 중국 남송의 군인이자 정치가. 누이가 이종(理宗)의 왕후라는 인연으로 출세가도를 달리게 된다. 가사도는 미술이나 예술품 수집광이었고, 그 방면에 통달했다. 1264년에 이종이 죽고 도종(度宗)이 즉위하자 남송의 실권은 완전히 가사도의 것이 되어 그는 재상과 태사에 이르는 등 요직을 독점함으로써 독재정치를 시작하게 된다. 후에 몽골과의 전쟁에서 대패하자 그 책임으로 탄핵받고 좌천되어 유배 가던 중 피살되었다.

여울물이 가득하여 암초를 숨기고 있는 것이 무섭지는 않지만 대나무 줄이 끊어지지 않을까 불안하다.(그러나 그렇다고 하여 무의미하게 불안해하여도 어쩔 수 없다.)

여기에서는 전혀 문제가 없다고 강하게 다짐하며 위험한 여울을 통과하자 마음이 안정되었다.

蕪城懷古	**황폐한 성에서 옛날을 그리며**(2수 중 제1수)
隋帝豪華蔓草中	수 양제의 화려한 궁전엔 잡초만 가득하여
蕭條二十四橋風	이십사교에 바람만 쓸쓸히 부네.
鴉翻廢苑香雲散	까마귀만 황폐한 정원에 날고, 향기로운 구름은 흩어졌으며
龍去長江錦水空	용은 장강을 떠났고, 아름다운 냇물만 공연히 흐르네.
祗有山川留勝蹟	산천엔 그 옛날 자취만 남아 있을 뿐
更無父老說行宮	노인들도 행궁에 대해 말하는 사람이 없네.
瓊花冷落蛾眉老	경화는 시들어 버렸고, 미인들도 늙어
愁見蕪城夕照紅	황폐한 성에 석양이 붉게 물드는 것을 근심스레 바라본다.

북경으로 향하는 도중에 강소성 강도현에서 지은 것이다. 가는 길인 절강성 안에서 지은 작품은 없다. 이 시의 앞에 「유양의 칠석날維揚七夕」이 있으니, 이 전후에 지은 것이라고 생각된다. 수나라 양제를 그리워한 것이다.

회고시는 일반적으로 역사적 사건이나 인물이 주제로 채택된다. 그 사건이나 인물에게 따르는 이미지를 빌려서 긴 역사 가운데에 두고 보면, 인간의 경영이 부질없고 기댈 곳 없는 한순간의 꿈과 같은 것임을 상징적으로 묘사하고 있다.

■ 무성蕪城 : 황폐한 도시라는 뜻. 한대漢代부터 번영했던 광릉성廣陵城이 남조南朝인 유송劉宋 시대에 황폐해진 것을 말한다. 지금의 강소성 강도현 북동쪽 땅이다. 수나라 양제는 여기를 제도帝都로 하려고 했다. ■ 만초蔓草 : 줄기가 덩굴 상태로 되어 자라는 풀. ■ 소조蕭條 : 쓸쓸한 모습. ■ 이십사교二十四橋 : 강소성 강도현의 서문 밖에 있는 명승지. 성문이랑 시가市街의 이름을 취해서 이름을 붙였다고 한다. 24개의 다리에는 존폐가 있는데, 그 상세한 것은 분명하지 않다. 일설에는 하나의 다리 이름이라고 한다. 당나라 두목●은 「양주 한작 판관에게 부치다寄揚州韓綽判官」라는 시에서, "청산은 아련하고 강물은 멀리 흘러, 여긴 가을도 다했으나 강남의 풀은 시들지 않았으리. 이십사교 그 아름다운 다리에 달 밝은 밤, 그대는 어디서 뉘에게 퉁소를 불게하시나(青山隱隱水遙遙, 秋盡江南草未凋. 二十四橋明月夜, 玉人何處教吹簫)"라고 읊었다. 이것을 보면 이십사교는 다리 이름이다. ■ 아鴉 : 까마귀. 당나라 이상은●에게도 같은 장소에서 읊은 작품이 있다. "자천 궁전은 안개와 노을에 잠겨 있어, 무성蕪城을 취하여 궁실로 만들려 했다네. 옥새가 당 고조에게 돌아가지 않았다면, 비단 돛은 응당 하늘 끝까지 닿았으리. 지금 썩은 풀엔 반딧불 없고, 옛 버드나무엔 저물녘 까마귀만 날아드네. 지하에서 진나라 후주를 만난다면, 어찌 후정화를 다시 물을 수 있으리."(「수나라 궁전隋宮」) ■ 향운香雲 : 꽃의 한 면이 피어있는 모양. ■ 용龍 : 왕자나 천자가 나타나는 신령스런 기운을 비유한 것. 수나라 양제煬帝를 가리키는 듯하다. 수나라 양제가 양주揚州에 행차했을 때, 사층 짜리 용주龍舟를 타고 왔다고 한다. ■ 부로父老 : 노인의 경칭. 당나라 포용鮑溶(?~?)의 「수나라 궁전隋宮」이라는 시에, "시골 늙은이(다른 본에는 楚老라고 하였

두목(杜牧, 803~853) : 당나라 말기의 시인으로 작은 두보로 불린다. 칠언절구에 뛰어난 재주를 보였으며, 화려한 수식과 유장한 리듬을 구사한 시로 유명하다. 주요 작품으로는 「아방궁부」, 「강남춘」 등이 있다.

이상은(李商隱, 812~858) : 당나라 시인으로 자는 의산(義山)이다. 상징파의 선구자로 중국문학사에 예술지상주의 작풍을 확립하였다.

다) 몇 대의 사람들, 밭이 된 양제의 궁에 씨를 뿌리네"라는 구절이 있다. ■ 행궁行宮 : 천자가 순유巡遊할 때 머무는 곳. ■ 경화瓊花 : 꽃 이름. 이전에 양주의 후토后土에서 이 꽃을 숭배했다. 천하에 2본도 없는 진귀한 꽃이었다. 자양화紫陽花와 닮았고 색은 옅은 황색을 띠며, 향기가 있다. 송나라 인종仁宗 때, 그것을 나누어 궁중 뜰에 심었더니 다음 해에 시들어서 본래의 땅에 돌려 놓았다. 또 송나라 순희淳熙 연간에도 이식을 시도했는데 잘 되지 않았다. 그 뒤 환관 진원陳源이 가지를 나누어 자양화에 접목했더니 잘 자랐다. 그러나 색과 향기는 크게 손상되었다. 지금 후토의 경화는 이미 베어져, 지금 볼 수 있는 것은 진원이 접목한 것이다. ■ 아미蛾眉 : 가늘고 길게 굽은 아름다운 눈썹. 미인 눈썹의 비유, 전하여 미인을 의미.

옛날 수나라 양제가 화려한 궁전을 지었으나 지금은 잡초만 가득하고, 이십사교에는 쓸쓸한 바람만 분다. 까마귀가 이리저리 정원을 날고 있지만, 옛날 피었던 꽃은 지고 자취도 없다. 용은 양자강을 따라 가버리고 아름다운 냇물만 공연히 흐르고 있다.

지금 산하에는 그 옛날 자취가 남아 있으나, 노인들도 옛날의 행궁에 대해 이야기하는 사람이 없다. 옛날 이 땅에 피었던 경화는 시들어 버렸고, 양제를 받들던 미인들도 늙어 죽어, 단지 황폐한 성터를 빨갛게 물들이는 석양을 쓸쓸히 바라본다.

渡黃河	황하를 건너다
黃河秋色滿	황하에 가을빛 가득하니
喜是大淸時	즐거운 청나라 시절.
源自崑崙出	물은 곤륜산에서 나오고
山從砥柱支	산은 지주를 따라 갈라지네.
瀠洄斜塞雁	휘감아 도는 물줄기는 비스듬히 나는 기러기 같고
奔放走雲螭	세차게 흐르는 물은 구름 속을 달려가는 용 같네.
九里看新潤	황궁의 새로운 윤택함을 보면서
三門溯舊基	삼문의 옛터를 거슬러 올라가네.
朝宗歸海疾	많은 물줄기 빠르게 바다로 흘러가면서
鼓浪到天奇	부딪친 물결 소리 하늘에 닿아 신기하네.
舟檝空中度	배는 하늘 가운데로 건너가는 듯
星辰水面移	별은 수면 위로 지나가네.
廻瀾衝柁急	소용돌이치는 파도는 상앗대에 부딪치고
落葉帶烟披	낙엽은 안개 속으로 떨어지네.
大勢呑秦障	물줄기는 진나라 산들을 삼킬 듯하고
豐功勒禹碑	우임금의 위대한 공적은 비석에 새겨 전하네.
東溟思獻雉	동해에서 온 우리들 예물 바칠 것을 생각하니
涉此敢云疲	황하 건너는 것을 감히 피곤하다고 하겠는가.

▪ 대청大淸 : 청나라 사람이 그 시대를 높여 부른 말. ▪ 곤륜崑崙 : 산 이름으로 중국 서쪽에 있는 영산靈山. 황하의 근원은 곤륜산에서 발원한다는 전설이 있다. ▪ 지주砥柱 : 하남성 섬현 북동쪽 황하 가운데에 있다는 산 이름. 중국 고대 신화에 의하면, 하나라 국왕 우禹가 9년에 걸쳐 전 국토를

구주九州로 나누고, 황하의 흐름을 바로잡았다는 이야기가 있다. 그때 "산릉에 물이 이른 것은 그것을 뚫고, 산을 파서 황하 물을 통하게 했다. 황하의 물은 지류를 나누어 산을 감싸 안으면서 흐르게 하여 산이 물속의 기둥처럼 보였다. 그러므로 지주라고 하였다".[●] 이 작품의 마지막 부분에 우비禹碑라는 것이 있는데 이것도 우임금이 치수할 때 쓰여진 비석이라고 한다. ▪ 형회瀠洄 : 물이 회전하면서 흐르는 모양. ▪ 새안塞雁 : 변경 지역의 하늘을 날아가는 기러기. ▪ 운리雲螭 : 용. ▪ 삼문三門 : 산 이름. 괵성虢城 동북쪽(지금 하남성 섬현의 동북쪽) 대양성大陽城 동쪽. 지주산砥柱山 그것이라고도 하고, 그 근처라고도 한다. "세 번 뚫어 완성되고 물의 흐름이 성글게 나뉘어 지상표목指狀表目이 되었으므로 또한 그를 삼문이라고 말한다."[●] ▪ 조종朝宗 : 많은 냇물이 바다로 모여 들어오는 것. ▪ 고랑鼓浪 : 파도가 해안을 침. ▪ 주즙舟檝 : 배와 노. ▪ 회란迴瀾 : 소용돌이치는 큰 파도. ▪ 진장秦障 : 옛날 진나라 땅을 지키던 서쪽 산. ▪ 동명東溟 : 명은 바다이고, 동명은 동해에 있는 유구를 가리킴. ▪ 헌치獻雉 : 꿩은 절개를 지키는 새로 중국 황제에게 신하의 절개를 다한다는 뜻.

"陵當水者鑿之, 故破山以通河. 河水分流, 包山而過, 山見水中若柱. 然故曰砥柱也."(『水經注』 卷4 「河水 4」)

"三穿旣決, 水流疎分, 指狀表目, 亦謂之三門矣."(『水經注』 卷4 「河水 4」)

황하를 건너면 목적지 북경에는 곧 닿는다. 황하는 가을 풍경으로 청나라의 태평세상을 생각한다. 황하의 물은 아득한 서쪽 곤륜산에서 발원하여, 도중에 산을 만나고 거기서 지주砥柱에 의해 흐름이 갈린다.

산을 둘러싸고 몇 줄기로 나누어 흐르는 모습은 비스듬히 줄을 지어 날아가는 기러기 같고, 세차게 흐르는 모습은 마치 구름 속을 달려가는 용과 같다. 천자의 궁전 옆 새롭고 경사스런 기운 가득한 모습을 보면서, 삼문의 오랜 주춧돌 옆을 바라보며 황하를 거슬러간다.

황하는 많은 물줄기를 모아 바다로 향하려고 재빨리 강기슭을 치는 물소리가 하늘에 울려 신기하다. 배는 마치 하늘을 건너가는 듯, 별이 수면 위로 흘러간다.

소용돌이치는 파도는 배의 노에 닿고, 언덕의 낙엽은 안개 속으로 떨어진다. 황하의 흐르는 형세는 옛날 진나라의 천연스러움을 지키고 있는 산들을 삼킬 듯 웅대하고, 그 흐름을 다스린 우임금의 위대한 공적은 우비에 새겨져 지금도 전하고 있다.

우리들은 동해에서 신하의 절의를 전하려고 지금 이 황하를 건너고 있으니 기상은 높지만 몸은 지친다.

京邸中秋	**북경의 중추절**
秋光此夜十分清	오늘 밤 가을 달빛 참으로 맑아
大地河山盡水晶	대지도 산하도 모두 수정처럼 빛나네.
况復西征新奏凱	하물며 서방을 정벌하여 개선가가 연주되니
歡聲月色滿皇城	환호성과 달빛이 황성 안에 가득하네.

▪ 경저京邸 : 정순칙 등 유구에서 가는 진공사가 머무는 숙소. ▪ 서정신주개西征新奏凱 : 시제詩題에 다음과 같은 원주原注가 있다. "당시 황상이 친히 금려禁旅를 통솔해서 서쪽 가루단噶留丹을 정복하고 개선해서 조칙을 중외中外에 반포했다." 금려는 궁중호위 군대이다. 가루단은 준가르•의 4번째 지배자(1644~1697)이다. 준가르는 17세기 초부터 18세기 중기에 걸쳐 서북 몽고, 천산북로天山北路에 분포했던 오이라트瓦剌,

Oirat 몽골족과 그 유목국가이다. 2대째의 칸汗 바토우-르는 하루하● 족, 카자흐족, 러시아인과도 싸우고, 티베트에도 침입했으며 천산 산중의 이리 지방을 막영幕營의 땅으로 했다. 오이라트 법전을 편집하고, 오이라트문자(토도문자)를 만들고, 라마교를 존신하는 등 준가르・칸국汗國의 문화를 향상시켰다. 가루단은 그의 아이로 형인 센게의 뒤를 이어 칸이 되었다. 그는 청해青海에 침입하여 천산남로의 회부回部를 정복하고 하루하 부족을 침입했는데 하루하의 패군은 청의 변경에 들어가 보호를 구했다. 1690년 다시 하루하를 침입한 가루단군은 울피 물가에서 청군을 격파하고 남하하여, 우란・바톤에 갔기 때문에 청의 강희제가 직접 정벌군을 이끌고 나왔으나 결전에 이르지 않고 화해를 맺었다. 그 후 가루단이 하루하에 침입하자 강희제는 다시 여섯 사단을 이끌고 직접 정벌에 나서 준・모도의 싸움에서 준가르 군대를 크게 격파했다. 다음 해 가루단은 독을 마시고 자살했다(『아시아역사사전』 '준가르'・'가루단' 항목 참조).

강희제가 가루단의 토벌을 직접 지휘하여 출발한 것은 1697년(강희 36) 2월 말인데 개선한 것은 5월이다. 이 사이 윤3월 13일에 가루단은 자살하고 그의 딸 종제해鍾齊海가 4월에 300호를 거느리고 투항했다. 가을 7월 강희제는 변방 밖을 순행하고, 9월에 북경으로 돌아왔다(『清史稿』「聖祖本紀」). 그러나 최근 연구에 의하면 강희제가 직접 정벌을 위해 출발한 것은 2월 27일이고, 북경으로 귀환한 것은 7월 5일이며, 가루단의 죽음은 4월 5일이라고 한다. 가루단의 사인死因도 병사인데 웬일인지 강희제는 그의 죽음을 음독으로 인한 자살이라고 믿었다. 그렇게 믿을 이유도 없는데 자신의 생각을 고집한 듯하다(岡田英弘, 『康熙帝の手紙』「中公新書」 참고).

어쨌든 『청사고清史稿』의 기사에 의하면 정순칙이 목격한 개선은 황제 일행보다 3개월이나 늦게 북경에 돌아온 병사들을 맞이하는 모습이거나, 9월에 순행에서 북경으로 돌아온 황제 일행을 맞이하는 북경 시내의 떠들썩함이다. 전자라고 하면 시간적인 차이가 있고, 후자라고 하면 시제詩題에 있는 중추中秋(음력 8월)와 맞지 않다. 이것은 오카다 히데히로● 씨의 연구에 따라 가루단 정벌에서 황제가 귀환한 것은 7월이고, 그로부터 8월 24일에 정순칙 일행이 북경에 입성했을 즈음 황제 일행보다 늦게 귀환한 사단師團이 있어 그들을 맞이하는 모습이라고 보는 것이 자연스럽다.

오카다 히데히로(岡田英弘, 1931~2017) : 일본의 동양사학자. 동경외국어대학 명예교수. 동양문고 전임연구원. 전공은 만주사이다.

여기에서 강희제의 인물상에 대해서 간단히 보고자 한다. 강희제는 청제국의 기초를 확고하게 한 영명한 군주로 알려져 있다. "강희제는 무술에 뛰어났고, 또 중국 고전에도 통달했으며, 시서詩書를 잘했다. 재위 61년간 안으로는 삼번의 난●을 평정했고, 대만을 새로운 영토로 하였으며, 밖으로는 준가르를 국경 밖으로 쫓아내고 외몽고를 신복臣服시켜 청나라 지배의 기초를 견고하게 했다. 따라서 중국 역대 황제 중에서 굴지의 명군으로 꼽힌다."(宮崎市定, 『中國史』 下 「岩波全書」)

삼번의 난(三藩之亂) : 청나라 첫 한인 무장에 의한 반란이다. 운남과 귀주 지역을 담당하는 평서왕(平西王) 오삼계(吳三桂), 광동 지역의 평남왕(平南王) 상가희(尙可喜), 복건 지역의 정남왕(靖南王) 경중명(耿仲明)이 일으킨 반란이다.

또 비록祕錄의 여러 책을 채집하여 베끼게 하고, 여기에 기초해서 여러 학자들에게 『강희자전康熙字典』, 『연감유함淵鑑類函』, 『패문운부佩文韻府』, 『병자유편駢字類編』, 『역상고성曆象考成』, 『수리정온數理精蘊』, 『전당시全唐詩』 등 다방면에서 많은 서적을 편찬하게 했다. 그중 최대로 꼽히는 것은 『고금도서집성古今圖書集成』이다(『아시아역사사전』 '강희제' 항목).

이 시기 정순칙은 34세, 강희제는 43세였다. 정순칙은 강희제 즉위 다정극상(鄭克塽, 1670~1707) : 자는 실홍(實弘)이고, 호는 회당(晦堂)이다. 정경(鄭經)의 차자(次子)이고, 정성공(鄭成功)의 손자이다.

음 해 태어났으니 강희제는 불과 여덟 살에 즉위했다. 20대 후반에 삼번의 난을 평정하고, 대만에 진공하여 정극상●을 복속시켰으며(29세), 지금 또 가루단을 격파하여 강희제의 무공武功은 천하에 널리 퍼졌다. 내외의 정세도 안정되고, 40대 전반의 기력도 체력도 충실하여 자신 넘치는 황제의 원정군을 맞이하는 북경을 정순칙은 어떤 생각으로 보았을까. 작품은 절구 형식으로 짧지만 강희제 융성기의 화려한 개선군을 맞이하는 열광적인 북경의 모습이 잘 드러나 있다.

오늘 밤의 가을 달은 참으로 맑고 산뜻하여 대지도 산하도 모두 달빛에 수정처럼 빛난다.

더욱이 오늘은 황제가 서방 가루단을 토벌하고 개선하여 그들을 맞이하는 음악이 연주되니 환호성과 달빛이 황성 안에 가득하다.

가을인 8월 24일 북경에 도착한 정순칙 일행은 한 달간 북경에 머무르고, 9월에 북경을 출발하여 복주로 돌아왔다. 그 사이에 그는 시를 10수나 지었다. 덧붙여 이야기하면 여기에 소개한 작품은 '중추'라고 확실히 나와 있으니 8월의 작품이 틀림없다. 그렇다고 하면 월광은 밤도 꽤 깊은 하현달이 된다.

都門九日	**중양절 도문에서**
神京宮闕繞長濠	북경의 궁궐은 긴 해자垓子가 감싸고
碧漢雲淸望彩旄	푸른 하늘 맑은 구름 채색 깃발 보이네.
曉露噴黃仙菊潤	새벽이슬은 노란빛을 뿜고 국화는 반들거리고
秋山含紫帝城高	가을 산은 붉은빛 머금고 황제의 성은 높네.
應知名士登臺樂	이름난 선비 누대에 오른 즐거움 응당 알겠으니
說陪臣作賦豪	모시는 신하 글을 지은 호쾌함을 감히 말하겠나.
聖代卽今聲教遠	청나라 황제의 교화는 멀리 유구에도 미치니
搜奇何用更題餻	어디에 쓰려고 고餻 자로 시를 짓는 기이함을 찾겠는가.

▪ **신경**神京 : 북경을 아름답게 일컬은 말. ▪ **궁궐**宮闕 : 궁전의 문. ▪ **벽한**碧漢 : 푸른 하늘의 은하로 넓은 하늘을 가르키는 말. ▪ **모**旄 : 깃대 앞에 소꼬리나 새의 날개 등을 꽂아 장식한 것. ▪ **선국**仙菊 : 국화는 불로장수 등과 결합하기도 하고, 여러 꽃이 시든 후 서리 가운데에 꽃을 피우므로 절개를 지닌 고결한 삶의 방식을 구하는 은자가 사랑하는 꽃이기도 하다. 그러므로 선국이라고 부른다. ▪ **등대악**登臺樂 : 9월 9일의 중양절에는 높은 대에 올라 국화주를 마시고, 시를 지으며 즐기는 풍습이 있다. ▪ **배신**陪臣 : 청나라 황제의 신하로 임명된 자. '신하의 신하'에 해당한다. 정순칙 등 유구의 사신이 스스로의 신분을 겸손하게 말한 것이다. ▪ **성교원**聲教遠 : 중국 황제의 교화가 멀리까지 미친 것.

북경의 궁궐 주변은 긴 해자가 감싸고, 푸른 하늘엔 아름다운 무늬의 깃발이 펄럭인다. 아침이슬에 노란색이 선명한 국화가 반들거리고, 자줏빛의 안개를 띤 가을 산을 배경으로 황제의 성이 우뚝 솟아 있다.

이와 같이 높은 대에 올라 바라보니 자신도 풍류 명사들의 심정을 알 수 있어 즐거워진 소관리인 자신도 시를 지어 호쾌한 기분이 되었다. 청나라 황제의 교화는 멀리 유구에도 미치니 일부러 기이한 풍격을 내려고 고餻 자●를 써서 시를 짓지 않아도 좋다.

고(餻) 자 : 유우석(劉禹錫, 772~842)이 일찍이 중양절에 시를 지으면서 '고(餻)' 자를 쓰려고 했으나 이 글자가 육경(六經)에 없다고 하여 그만두었다.

午門頒幣	오문에서 비단을 받다
鴻臚高唱午門開	홍려시● 관리가 큰소리로 외치자 오문이 열리고
幣帛鮮新簇帝臺	고운 빛깔의 비단이 천자의 돈대에 쌓여 있네.
花織一枝梭幾轉	한 가지 꽃을 짜느라 북통은 몇 번이나 굴렀으며
絲牽五色絡千廻	오색실을 끌고 천 번이나 오갔으리라.
黃金榜映雲霞燦	황금색 목찰은 운하에 비춰 빛나고
赤羽旂飄錦繡堆	붉은 깃털 장식 깃발은 비단 무더기에서 나부끼네.
東海君臣何以報	유구의 군신은 무엇으로 보답해야 할지
承恩競捧出蓬萊	은혜를 받들고 선물을 공손히 받아 궁전을 나오네.

홍려시(鴻臚寺) : 한대(漢代)부터 청말(淸末)까지 설치되었던 관청의 명칭이다. 조하(朝賀)와 경조(慶弔)에 대한 예를 찬도(贊導)하는 일을 관장하였다.

▪ 오문午門 : 황성의 정문인 천안문을 빠져나와 북쪽으로 곧바로 가면 황성 안의 자금성 정문인 오문에 이른다. 명나라 영락 18년(1420)에 건설되었으며, 현존하는 것은 청나라 순치 4년(1647)에 중건된 것이다. 현재는 고궁박물관 남문이다. 중앙에 큰 누문樓門이 가로놓여 있고, 동서에는 각각 누각 두 개씩 있어 전체의 모습이 봉황이 크게 날개를 펼치고 있는 모습과 닮았으므로 오봉루五鳳樓라고도 한다. 누각 위에는 종과 북이 놓여 있으며, 황제가 전각에 올라 조정

일을 처리할 때 종을 울리고 북을 쳐서 백관에게 알린다. 문루 아래에는 세 개의 문이 있다. 중앙의 문은 황제와 황후가 출입할 때 사용하고, 좌우의 문은 문무백관과 제후의 출입구이다. 문루의 중앙부 높이는 37.95m이다. 오문 앞의 광장에서는 군대의 출정식이나 개선식, 역曆의 영발식領發式 등 중요한 의식이 거행된다(『中國名勝詞典』 上, 海辭書出版社; 『中國名勝古蹟槪覽』 上, 中國旅游出版社 참조). 그런데 유구뿐만 아니라 조선・베트남 등 외번外藩의 진공은 이 오문에서 공물을 헌상한다. 사신은 이 문안으로 들어가는 것이 허락되지 않는다. 황제로부터 하사받는 물건도 이 오문에서 받는다. ■ **폐**幣 : 비단. 선물. 수련 제2구의 '폐백'도 같은 의미로 빈객에게 주는 물건. 여기서는 중국 황제로부터 받는 물건이라는 의미. ■ **사**梭 : 베를 짜는 도구로 씨실을 통과하는 관에 붙어 있는 것. ■ **황금방**黃金榜 : 방은 원래 과거 합격자의 이름을 쓴 표찰 같은 것인데, 여기에서는 황제로부터 받은 물건에 붙어있는 금색의 목찰木札을 의미한다. 아마도 유구왕이나 왕비 및 사신들의 이름이나 선물의 명칭 등이 쓰여 있을 것이다. ■ **적우기**赤羽旂 : 우기는 우기羽旗와 같다. 깃대 앞에 새의 날개를 붙인 깃발, 날개로 장식한 깃발로 경사스러운 붉은색 날개로 장식된 깃발. ■ **동해군신**東海君臣 : 중국에서 보면 유구는 동해에 있으므로 유구왕과 그 신하. ■ **봉래**蓬萊 : 신선이 살고 있다는 상상의 섬으로 발해에 있다고 한다. 여기에서는 영화로움을 자랑하는 청나라 황제의 궁전을 봉래섬에 있다고 하는 봉래궁에 비유했다고 생각된다. 봉래궁은 신선이 사는 궁전으로 눈앞에 늘어서 있는 화려한 모습의 물품을 보고 있으니 너무 멋져서 이 세상의 물건이라고 생각되지 않으며, 그 물품을 받는 자신들도 꿈을 꾸는 듯한 기분이 되었다. 그 기분을 상상의 섬과 그곳에 있는 궁전을 빌려서 비유한 듯하다.

우리들 유구 사신을 인도하여 온 홍려시의 계관係官이 오문에서 큰소리로 외치자 문이 열리고, 색이 선명한 비단 선물 등이 천자의 돈대에 겹으로 쌓여 있다. 아름다운 꽃모양이 있는 직물은 한 가지의 꽃을 짜느라 북통이 몇 번이나 굴렀으며, 오색의 실을 끌고 천 번이나 오갔으리라 생각될 만큼 화려하다.

그 선물에 붙어 있는 황금색 목찰에 경사스런 운하雲霞가 비춰 반짝반짝 빛나고, 붉은 깃털로 장식된 깃발은 바람에 나부끼며, 선물은 그 아래에 높이 쌓여 있다. 바다 저쪽에 있는 유구왕과 신하는 이 군은君恩에 어떻게 보답해야 좋을지, 높은 은혜를 받들고, 주신 선물을 공손히 받아 꿈을 꾸는 듯한 기분으로 궁전 문을 나온다.

한편 북경에서의 용무를 완수한 일행은 북경을 출발하여 복주로 돌아왔다. 『설당연유초』에 수록된 작품을 보면, 복주에서 북경으로 가는 왕로往路보다 북경에서 복주로 돌아오는 복로復路에서 지은 작품이 수적으로도 내용적으로도 풍부하다. 그 이유는 여러 가지가 있겠지만 북경으로 가는 길에서는 사신으로서 짊어진 책임이 크기 때문일 것이다. 북경의 일정에 맞게 도착해야 하고, 맡은 직분을 무사히 완수해야 하는 마음에 집중했기 때문이라고 생각한다. 이와 달리 복주로 돌아오는 길에서는 가장 중요한 책임을 무사히 수행했다는 해방감과 여유가 있으므로 도중의 풍물을 깊이 관찰하고 즐기는 것이 가능하다. 부친 정태조의 묘소를 참배한다든지, 북경으로 가는 길에서는 한 수도 보지 못한 절강성 내에서의 작품(「소무당산팔경小武當山八景」 등)이 보이는 것에 이런 사정이 반영되어 있다고 보아야 할 것이다. 그러므로 북경을 나오면서부터 복주에 도착하기까지의 작품에서 몇 수를 골라서 여정의 순서대로 제시한다. 하북성과 산동성에서는 작품이 없고, 강소성에 들어오면서부터 작품이 분출된다.

維揚遇雪	**유양에서 눈을 만나다**
匹馬維揚道	필마로 양주로 가는 길
霏霏覺慘凄	펄펄 내리는 눈에 혹독함을 느끼네.
凍雲凝廢井	언 구름은 황폐한 우물에 서려 있고
衰柳軟長堤	시든 버들은 긴 둑에 힘없이 늘어져 있네.
帽重簷低壓	두건은 무겁고 처마는 눈에 눌렸으며
鞭輕手莫携	채찍은 가벼운데 손에 잡을 힘이 없네.
漫言歌白雪	두서없는 말로 백설을 노래하여
客裏補詩題	여행 중의 시제를 보태네.

▪ 유양維揚 : 강소성 양주를 말한다. 원래는 유양惟揚이라고 했다. 양자강 북쪽 언덕에서 가깝고 대운하를 눈앞에 두고 있다. 운하 연선沿線의 요충으로 북방으로 향하는 강남 물자의 대집산지이며, 양자강 입구와 가깝기 때문에 당 · 송 대에는 아라비아 상인도 내왕한 번화한 도시였다. 명 · 청 대에는 중국 제일의 산액産額인 양회염兩淮鹽 유통의 근거지로서 번영했다. 특히 거대 염상鹽商은 정부의 보호를 받으며 재물을 쌓아 학자와 문인들을 후원하여 강남문화의 제일 중심을 형성했다. 그중에서도 마씨馬氏의 소영롱산관小玲瓏山館은 그 대표적인 것으로 이름이 높았다(靑木正兒, 『江南春』, 東洋文庫).

수나라 양제煬帝 이래 인연의 땅이 된 이 땅은 많은 시인에 의해서 읊어

이백(李白, 701~762) : 당나라 시인. 방랑생활을 하며 자연을 소재로 한 작품을 많이 남겼다. 시선(詩仙)으로 일컬어지며 두보와 함께 중국 최고의 고전 시인으로 꼽힌다.

졌다. 당나라 유희이劉希夷(651~680?)는 '배를 타고 바다로 떠나, 바람에 돛을 다니 아침의 서늘함에 떨리네. 물결 잔잔하여 초나라 왕성을 보고, 하늘 끝 유양을 바라보네'(「강남곡江南曲」 8수 중 제5수)라고 노래했다. 이백●은 "오랜 벗 서쪽으로 황학루를 떠나, 꽃피는 춘삼월에 양주로 가네. 외로운 배의 먼 그림자 푸른 하늘로 사라지고, 오직 보이는 건 장강이 하늘에 닿아 흐르는 것"(「황학루에서 맹호연이 광릉으로 가는 것을 송별함黃鶴樓送孟浩然之廣陵」)이라고 표현했다. 이백의 노래는 양주를 직접 거론하지는 않았지만 당나라 시대의 양주는 강남의 번화한 도시로 풍경도 좋고 술맛도 좋은 땅이다. ▪ 필마匹馬 : 한 필의 말. ▪ 비비霏霏 : 비나 눈이 거세게 내리는 것. ▪ 쇠류衰柳 : 잎이 떨어지고 색도바랜 버들. ▪ 만언漫言 : 두서없는 말. ▪ 객리客裏 : 여행하는 사이, 여행 중. 정순칙 일행이 북경을 출발하여 귀로에 든 것은 9월 23일이므로 계절은 한겨울의 추위가 심할 때이다. 남쪽의 따뜻한 지방에서 온 사신에게는 추위가 힘들었을 것이다. 『설당연유초』에는 이 외에도 「강랑의 쌓인 눈江郎積雪」, 「건계의 진눈깨비建溪雨雪」 등 눈을 읊은 작품이 있는데 어느 것이나 모두 눈의 경치를 아름답게 이끌지만 도중의 힘들고 어려움이 강하게 느껴진다. 이 시에서도 '필마匹馬', '참처慘凄', '폐정廢井', '쇠류衰柳' 등의 어구에서 추위가 여행을 힘들게 하는 모습이 표현되어 있음을 느낄 수 있다. 이렇게 보면 미련의 '두서없는 말로 백설을 노래하여, 여행 중의 시제를 보태네'라고 하는 것도 풍경을 보고 마음에 느낌을 받아 그 감동을 자연스레 작품으로 그려냈다고 하기 보다는 시인으로서 의무감 같은 것에 이끌려 붓을 대었다는 느낌이 든다.

말은 양주의 길을 가는데, 눈은 한층 심하여 얼음이 되는 심한 추위이다. 얼음이 된 구름은 검고, 황폐한 옛 우물의 물도 얼었는데, 잎 떨어진 색 바랜 버들은 긴 둑 위에 힘없이 늘어져 있다.

시인의 두건은 눈으로 무겁고 집집마다의 처마와 추녀도 눈에 짓눌린 듯하다. 말채찍은 가벼운데 손에 힘이 없어 잡기도 힘들다. 두서없는 말로 백설을 노래하며 여로旅路의 시를 보탠다.

姑蘇省墓	**고소에 있는 부친 묘소를 참배하다**(2수 중 제1수)
勞勞王事飽艱辛	힘든 나라 일로 겪은 온갖 고생
嬴得荒碑記故臣	황폐한 비석에 옛 신하라는 기록만 남았네.
萬里海天生死隔	만 리 넓은 바다 생사가 가로막혀
一時父子夢魂親	한 때의 부자가 몽혼으로 친하네.
山花遙映啼鵑血	산의 꽃은 멀리 비치고 두견새는 피눈물로 울어
野蔓猶牽過馬身	넝쿨진 들풀은 지나가는 말을 끌어당기네.
依戀孤墳頻慟哭	외로운 무덤에서 그리움으로 통곡하니
路傍樵客亦沾巾	길 옆의 나무꾼도 수건을 적시네.

이 작품에는 다음과 같은 서문이 붙어 있다.

"선군先君의 휘는 태조泰祚이고, 호는 경양景陽이다. 중산의 신하가 되어 나라 일에 부지런히 온 정성과 마음을 다해 봉직했다. 계축년(1673) 10월 조공의 일로 북경에 갔으며, 갑인년(1674) 5월에 돌아오다가 강남에 이르러서 민지역의 난리를 듣고 길이 막혀 고소에 머물렀다. 나라와 집안 걱정에 마음 쓰다가 병이 심해져 다음 해 을묘년(1675)에 죽어 오현吳縣에 장사지냈다. 불효

자 정순칙은 갑자년(1684)에 황궁을 관광하는 길에 성묘했으니 지금까지 14년이 흘렀다. 다시 아버지 무덤을 보니 피눈물이 흐른다. 그 느낌을 7언 율시 2수를 지어 그리움을 적는다."

이 서문에 의하면, 정순칙의 부친 정태조는 경양이라는 호를 쓰고, 1673년 10월 진공사가 되어 북경에 갔다가, 1674년 5월 복주로 돌아오던 도중 소주에서 정남왕 경정충의 반란으로 귀로가 막혔으며, 다음 해 1675년 그곳에서 병사했다. 정순칙은 1683년 21세 때 근학勤學으로 복주에 유학하게 되었다. 다음 해 봄, 북경으로 가는 사은사 일행을 따라서 북경에 도착했고, 그해 겨울 복주로 돌아와 4년간 복주에 머물며 진원보에게 배웠다(『程氏家譜』). 서문의 '갑자년에 황궁을 관광하고'는 1684년의 상경을 말한다. 정순칙은 이때 한 번 부친 정태조의 묘소를 참배했다. 그리고 그로부터 14년 뒤인 1697년 북경에서 돌아오는 길에 다시 부친의 묘소를 참배할 기회를 얻었다. 이 사이, 1689년 27세 때에도 접공선接貢船을 타고 복주까지 가서 3년간 복주에 있었지만 맡은 직분이 존유통사存留通事(복주에 머무는 통사)였기 때문에 북경에 갈 기회가 없어 부친의 묘소를 참배할 기회도 없었다.

▪ 영득嬴得 : 거두다. 이익을 얻다. 시어로서는 '결국 ~만 얻는 것'으로 남았다는 의미이다. 사신의 임무를 완수하고 무사히 귀국했다면 유구왕으로부터 포상을 받고, 직위도 한 계급 특진하였을 것이다. 부친 정태조는 사신의 임무를 완수하지 못하고 고난 속에 타국에서 병사함으로써 그 노고에 상응하는 영달을 받지 못했다. 다만 유구의 옛 신하라는 묘비만 남겼다. 맡은 직분을 완수하지 못하고, 뜻을 이루지 못한 채

죽은 부친 정태조의 마음은 틀림없이 무념無念하였을 것이다. ▪ **제견혈**啼鵑血 : '견'은 두견으로 자규, 뻐꾸기와 매우 닮은 조금 작은 두견과의 철새이다. 별명으로 자견, 자규, 불여귀 등이 있다. '제혈'은 피를 토하며 욺, 또는 울어서 토한 피로 자규 등의 울음소리의 통절함을 말한다.

나랏일로 분주하며 수많은 노고를 거듭했으나, 본의 아니게 사신의 임무를 절반만 이루고 타국에서 죽었다. 그런데도 이와 같이 옛 신하로 소중히 여겨 묘비까지 세워 주었다. 부친과 나는 만 리 바다로 떨어져 있고, 게다가 생과 사로 떨어져 있지만, 부자의 정애情愛는 꿈에서도 잊지 않는다.

묘역 산의 꽃들은 울어서 피를 토한다고 하는 자규의 피가 비쳐 있는 듯이 보인다. 들판의 넝쿨진 풀들도 지나가는 사람들의 말을 끌어서 떠나기 어렵게 한다. 넓은 광야에 외로이 서 있는 부친의 무덤을 떠나기 어려워 통곡하고 있자니 곁을 지나가는 나무꾼도 절로 눈물 흘린다.

姑蘇省墓	**고소에 있는 부친 묘소를 참배하다**(2수 중 제2수)
忍看霜露下蘇州	그리움을 견디며 소주에 오니
十四年中淚復流	14년 되었는데 눈물이 다시 흐르네.
鹿走山前松徑亂	사슴이 산 앞을 달려 오솔길 어지럽고
烏啼碣上墓門秋	까마귀가 비석 위에서 울어 묘소 입구는 가을이네.
凄涼異地封孤骨	이국땅에 외로운 뼈를 묻어 처량하고
慙愧微官拜故丘	낮은 관직으로 무덤 앞에 절하니 부끄럽다.

過此不知何日到　　이곳을 지나가면 또 언제 올지 모르니
茫茫滄海望無由　　망망한 푸른 바다 바라보아도 갈 길이 없네.

■ 상로霜露 : 서리와 이슬. '상로지사霜露之思'는 자식이 부모를 그리워하는 말. ■ 갈碣 : 묘문墓門의 석비. ■ 참괴미관慙愧微官 : 지위가 낮은 관직을 부끄러함. 관리가 자신을 겸손하게 이르는 말.

아버지를 그리워하며 가슴 아팠던 그리움을 돋우며 소주 땅으로 내려왔다. 14년 사이 언제나 잊지 못했던 이 땅을 다시 찾아 묘소 앞에 이마를 조아리니 또 다시 눈물이 쏟아진다. 사슴이 뛰어다니던 묘소 앞의 소나무 숲은 어지럽고, 까마귀는 묘석 위에서 지저귀니, 그렇지 않아도 쓸쓸한 가을 정치를 더욱 쓸쓸하게 한다.

이와 같은 처량한 이국의 땅에 아버지 혼자 뼈를 묻고, 여기에 절하는 낮은 관리인 정순칙 자신은 부끄러움에 견딜 수 없다. 오늘, 이 땅을 지나가지만 언제 또다시 올 수 있을지, 고리故里의 유구는 끝없이 망망한 바다로 떨어져 있어 바라지만 어떻게 할 수가 없다.

胥門弔古　　**서문에서 옛날을 조문하다**

闔閭城上哭忠魂　　합려의 성 위에서 충신의 혼을 통곡하니
臣妾雖歸薪膽存　　신첩은 돌아갔으나 섶나무와 쓸개가 남았네.
抉目未寒吳已沼　　동문에 걸린 오자서의 눈이 식기도 전에 오나라는 망했으니
凄涼風雨過胥門　　처량한 마음으로 비바람 부는 서문을 지나네.

■ 서문胥門● : 강소성 오성현의 서남쪽 문. 『오월춘추吳越春秋』에는 '월왕

이 쫓겨 달아나면서 오나라 병사를 공격하고, 강양송릉江陽松陵에 들어가 서문으로 들어가려고 하였지만 6, 7리 정도에 이르러 오의 남쪽 성문을 바라보다가 오자서●의 신神을 보았다'고 하였다. ▪ 합려闔閭(?~기원전 496년) : 중국 춘추시대 오나라 왕으로 재위 기간은 기원전 515년~기원전 496년이다. 초나라 망신亡臣인 오자서와 제나라 대전술가인 손무孫武를 등용하여 군비를 정비하고, 초나라를 공격하여 도읍을 점령했다. 월왕 윤상允常의 죽음을 틈타 월나라를 토벌하려고 했으나 윤상의 아들 구천勾踐과 취리檇李(지금 절강성 가흥현의 남쪽)에서 싸우다가 상처를 입고, 그 상처가 원인이 되어 죽었다. 죽기 전, 아들 부차夫差(BC 495~BC 473)에게 복수를 맹세받았다. ▪ 충혼忠魂 : 손무와 함께 오나라에 벼슬하며 오나라의 강화强化에 노력했던 오자서의 신하로서의 충성심. ▪ 신첩수귀신담존臣妾雖歸薪膽存, 결목미한오이소抉目未寒吳已沼 : 월왕 구천에게 취리에서 패한 합려는 아들 부차를 왕위에 세우고 "구천이 너의 아비를 죽였다는 것을 잊지 말라"라고 유언했다. 부차는 매일 밤 섶나무 위에서 자며 몸의 고통을 느낄 때마다 부친의 원수를 생각하며 복수를 맹세했다. 기원전 494년 부차는 월나라를 강소성 남부의 큰 호수 가운데에 있는 섬 부초산夫椒山에서 격파했다. 월왕 구천은 5천 명의 병사와 회계산 성안에 갇혀 도망갈 길을 잃자 화의를 청했다.

구천이 말하기를, "나는 오왕의 신하가 되고, 처는 오왕의 첩이 되겠다"라고 했다. 부친 때부터 충신이었던 오자서는 이를 거절하라고 충간했지만 부차는 구천을 용서했다. 부차는 복수를 했다는 기분에 느슨해져 교만하고 사치하여 궁전을 꾸미고 월나라에서 보내온 미인

서문 : 오나라 재상 오자서가 이 문 위에서 참수형을 당한 것에서 유래하여 오자서의 서(胥) 자를 따서 서문이라고 했다는 설이 있다.

오자서(伍子胥, BC 770~476) : 초나라 명문가 출신으로 초나라 평왕에 의해 가문이 화를 당하자 오나라 왕 합려를 보좌하여 오나라를 춘추 5패의 하나로 등극하게 했다. 그러나 합려의 뒤를 이은 왕 부차(夫差)와 국정 운영에 대한 견해 차이에 참소까지 당해 부차가 내린 검으로 자결하였다.

미인 서시(西施)와 관련해서는 '효빈(效顰)', '서시빈목(西施顰目)' 등의 고사성어가 있다. 『장자』 「천운편」에 나온다.

서시●와 사랑에 빠져 있었으며, 노魯나라와 함께 제齊나라와 진晉나라를 공격했다. 오자서는 이런 북방에 대한 공격에 나서는 것을 반대했지만 이것이 도리어 부차를 화나게 했고, 오자서와 같이 초나라에서 망명한 귀족인 재상 백비伯嚭의 모함을 받아 자살했다. 오자서는 죽으면서 집안사람들에게 말했다. "내 무덤에 개오동나무라는 나무를 심어라. 이 나무는 오왕이 죽으면 그의 관을 만들기 좋을 것이다. 또 눈을 파서 동문에 걸어라. 부차가 월왕에게 공격받아 멸망하는 것을 볼 것이다"라고 하였다.

범려(范蠡, BC 517~?) : 춘추전국시대 월나라의 정치가로 자는 소백(少伯)이다. 월나라 왕 구천을 섬겼으며, 구천을 춘추오패에 설 수 있게 하였다.

부차는 이 말을 듣고 크게 노하여 오자서의 시신을 가죽 자루에 넣어 전당강에 던졌다. 한편, 회계산에서 자신의 나라로 돌아간 구천은 현인 범려●를 등용하여 국력 회복에 노력했다. 매일 쓴 쓸개를 핥고, 신하에게 "너는 회계의 치욕을 잊었느냐"라고 말하게 하여 복수의 마음을 간직했다.

이렇게 해서 오나라 도읍을 포위한 지 3년 만에, 기원전 473년에 부차를 자살하게 하여 회계의 치욕을 씻었다. 이 오월의 역사는 와신상담臥薪嘗膽이라는 고사로 유명하다. 오월동주吳越同舟와 회계의 치욕 등의 말도 여기에서 유래했다. 불과 50년도 되지 않은 세월 사이에 두 강국이 남방에 출현하여 북방의 제후를 위협하다가 서로 사투를 반복하면서 모두 급속히 쇠퇴한 역사는 영고성쇠榮枯盛衰는 가늠하기 어렵다는 이야기로 사람들에게 슬픈 마음을 안겨 준다(『史記』 「吳世家」; 『十八史略』 卷1 「吳」; 『中國の歷史』 1, 講談社 등 참조). ■ 소오沼吳 : 오나라를 멸했다는 뜻. 오나라의 도읍에 물을 부어 연못으로 만들었다는 것이다.

오왕 합려의 성터에서 오나라 충신 오자서의 슬픈 운명을 생각하며 통곡한다. 합려의 유언에 따라 구천을 토벌했던 부차는 구천이 신하가 되고 그 아내를 첩으로 주겠다는 화의를 받아들여 귀국을 허락하였지만, 그 은정으로 부차에게는 아버지의 원수를 태우다 말았다고 하는 장작이 남았고, 구천은 쓸개로 복수를 맹세하게 되었다.

충신 오자서는 자살하면서 자신의 눈을 파서 동문에 걸라고 했는데, 그 눈이 아직 식기도 전에 오나라는 멸망했다. 이와 같은 옛날의 일을 회상하면서 차가운 비바람을 맞으며 서문을 지나간다.

拜林和靖先生墓	**임화정 선생의 묘소를 참배하다**
千古孤山千古人	천고의 고산에 천고의 사람
不教妻子落風塵	세속의 아내와 자식 두지 않았네.
眼看多少麒麟臥	눈에 많은 기린이 누워 있는 것 보이는데
獨有先生墓草新	단지 선생의 무덤에 새로 자란 풀만 있네.

▪ 임화정林和靖 : 임포林逋(967~1028), 전당錢塘(절강성 항주) 사람. 젊어서 아버지를 여의고 각고의 노력으로 독학했다. 고전을 좋아하고, 담백한 성격으로 의식주가 부족해도 전혀 신경 쓰지 않고, 서호西湖의 고산孤山에 오두막을 짓고 살며 20년간 항주의 마을에 발을 디디지 않았다. 아내를 두지 않고, 자식도 없이 뜰에 매화를 심고 학을 기르며 "매화가 아내요, 학이 자식이다"라고 말하며 웃었다. 자주 서호에 작은 배를 띄우고 부근의 절에 놀러 갔는데, 그때 손님이 오면 집을 지키던 동자가 새장 속의 학을 놓아 신호를 보냈다. 그러면 그것을 보고 배를 저어 돌아왔다. 행서行書에 뛰어났고, 그림도 그렸으며, 더욱 시에 뛰어났다(『宋史』 457).

■ **고산**孤山 : 임화정이 은거했던 서호 가운데에 있는 섬. ■ **풍진**風塵 : 번거롭고 불결한 것의 비유로 세속의 잡일을 말함. ■ **기린복**麒麟伏 : 기린은 고대 상상의 동물로 인수仁獸이다. 성인이 나와 왕도王道가 행해지면 나타난다고 하는 인수인 기린이 엎드려 있는 것과 같은 경사스러운 느낌.

태고부터 이름 높은 고산에 후세 영원히 이름 남길 임화정이 오두막을 엮었다. 그는 아내와 자식 등 세속의 번거로움에 빠지기 싫어 평생 아내도 자식도 없었다.

서호에는 지금도 기린이 엎드려 있는 듯 보이는데 단지 선생의 무덤 주변에 새로 자란 풀만 가득하다.

서호는 항주시의 서쪽에 있는 명승지로 주변에는 다수의 명승고적이 있다. 호수 주변은 약 15km이다. 호수 북쪽에 고산이라는 작은 섬이 있고, 그로부터 동쪽에 백거이●가 쌓았다고 하는 백제白堤가 있고, 호수 서쪽을 소식蘇軾이 쌓았다고 하는 소제蘇堤가 남북으로 관통하고 있으며, 둑 서쪽을 이호裏湖, 동쪽을 외호外湖라고 부른다. 호수의 삼면은 산으로 남쪽에는 남병南屛(남산), 북쪽에는 북산의 여러 봉우리가 높이 솟아 있다. 서호 10경 등 사계절을 통해서 풍광이 풍부하다. 상해 방면으로 북상하는 호항선滬杭線, 남쪽으로 향하는 절공선浙贛線의 기점은 항주로, 중국의 남북을 연결하는 교통의 요충지이다. 절공철도가 전당강을 타고 넘으면 곧바로 오른쪽에 육화탑六和塔이 있고, 그로부터 북쪽에 용정龍井 · 비래봉飛來峰 · 영은사靈隱寺라는 명승이 나란히 있다.

백거이(白居易, 772~846) : 당나라 문인으로 자(字)는 낙천(樂天)이고, 호는 취음선생(醉吟先生), 향산거사(香山居士) 등으로 불리었다.

북경에서의 공무를 마친 정순칙 일행은 이 서호에서 볼거리를 즐기고 마음의 여유를 가졌다. 이 임화정 묘소에서의 작품을 포함해서 서호 주변에서 11수의 작품을 남기고 있다.

過蘇小墓	**소소의 무덤을 지나며**
桃花西冷夕陽低	복사꽃 핀 서랭교에 석양이 지고
香塚烟深鳥亂啼	깊은 안개 속 무덤엔 새들이 어지러이 우네.
我爲蛾眉傷薄命	아름다운 소소의 불행한 운명을 아파하며
一鞭含淚過湖西	채찍질로 눈물을 머금고 서호를 지나간다.

▪ 소소묘蘇小墓 : 소소소蘇小小의 무덤. 소소소는 항주의 유명한 기녀 이름이다. 전하여 널리 예기藝妓의 이름으로 사용한다. 두 사람이 있는데, 한 사람은 육조시대 남제南齊 사람이고, 다른 한 사람은 남송시대 사람이다. 소소소는 아름다울 뿐만 아니라 시도 짓는 재녀才女였다. 서호의 서랭교西冷橋 근처에 살면서 서호의 자연을 사랑했다. 『악부시집樂府詩集』에는 그녀의 작품이라고 전해지는 「소소소가蘇小小歌」가 있다. '나는 곡벽거를 타고, 낭군은 청총마를 탔네. 어느 곳에서 동심을 맺을가, 서릉 송백 아래라네(妾乘油壁車, 郎跨青驄馬. 何處結同心, 西陵松柏下)' 「소소소가」는 악부 제목으로 보아도 좋다. 자주 시가詩歌의 제재가 되어 백거이 · 유우석● · 이하● · 양유도揚維楨 등 많은 시인들이 노래했다. ▪ 도화桃花 : 이하李賀는 '그윽한 난초의 이슬, 눈물 흘리는 눈과 같네'(「소소소의 무덤蘇小小墓」)라고 노래했고, 백거이는 '버들 빛이 봄을 감춘 소소의 집'(「항주의 봄을 바

유우석(劉禹錫, 772~842) : 당나라 문인으로 유종원과 교분이 두터워서 '유유'라고 일컬어지기도 했고, 백거이와도 자주 시문을 주고받는 등 사이가 좋았으므로 '유백'이라고도 병칭되었다.

이하(李賀, 791~817) : 당나라 시인으로 색채감이 풍부한 감각적 시를 주로 지었고, 염세주의적인 시각으로 즐겨 유귀(幽鬼)를 다루었다. 27세의 젊은 나이로 죽었다.

라보며杭州春望」)이라고 노래했다. 또 양유도는 '소소의 문 앞, 꽃은 그루터기에 가득하네'(「서호 죽지사西湖竹枝歌」)라고 노래했으니, 모두 서호 자연의 아름다움과 소소소의 아름다움을 난초・버들・꽃 등의 이미지와 연관시키며 노래하고 있다. ▪ 서랭西泠 : 다리. 일명 서림교西林橋라고 하고, 서릉교西陵橋라고도 한다. 서호의 고산에서 북산 쪽으로 향할 때 반드시 지나가는 곳이다. 옛 시에 "호수는 서랭리 밖으로 통하지 못하고, 한 그루 복사꽃은 담장을 벗어나지 못한다"고 노래했다. 그 곁에 '모재정慕才亭'이 있고, 그 아래가 소소소의 무덤이다. 이 정자는 문화혁명 시기에 파괴되었다가 1982년에 수복되었다. 소소소의 무덤도 지금 볼 수 있다. ▪ 일편一鞭 : 말에 채찍을 치는 것이다. 「소소소가」에 "나는 곡벽거를 타고, 낭군은 청총마를 탔네"라는 구절을 염두에 둔 것일까. 물론 소소소가 말하는 낭군은 35세의 정순칙보다 젊고 건장한 청년이다. 소소소는 그리워하는 사람과 이 세상에서는 맺을 수 없으니 서릉의 무덤에 묻혀서 맺고 싶다고 노래했다. 그 슬픈 운명을 생각하고 말을 재촉한다.

소소의 무덤이 있는 서랭교 주변에는 석양을 받고 복사꽃이 피기 시작했다. 꽃잎이 살랑살랑 춤추며 떨어지는 무덤은 저녁노을에 둘러싸였고 주변의 나무에서는 새들이 서로 지저귄다.

미인 소소의 불행한 운명을 가슴 아파하며 말에 채찍질하고 눈물을 참으며 서호의 고산 북쪽에 있는 소소의 무덤을 뒤로 한다.

蘇堤觀柳	소제에서 버들을 보며
種得濃陰綠過橋	많은 버들 짙은 녹음의 다리를 지나니
風流應共柳蕭蕭	풍류는 같은데 버들은 쓸쓸하네.
至今堤上留青眼	지금 둑 위에서 버들에게 고운 눈길 남기는데
不向遊人鬪舞腰	나그네를 보지 않고 다투어 한들거리기만 하네.

▪ 소제蘇堤 : 소식● 이 쌓은 둑으로 백제白堤는 백거이가 쌓았다고 하는데 실은 그렇지 않다. 백거이가 항주 장관으로 부임하기 이전부터 속가에서 백사제白沙堤라고 부르는 둑이 존재했다. 그 백사제가 백제라고도 불리게 된 것은 백거이가 시행한 서호의 제방개수사업과 묶여 전해지면서인 듯하다. 소식도 백거이도 옛날 항주의 장관이 되어 모두 서호의 치수사업에 큰 공적을 세웠다. 소제는 서호 서쪽을 남북으로 이어놓았다. 북송의 원우元祐(1086~1093) 연간에 서호를 준설하고 그 흙으로 쌓았다. 풍경절승風景絶勝, 소제춘효蘇堤春曉라고 한다. 둑 위에 육교六橋가 있다.

소식(蘇軾, 1036~1101) : 송나라 문인으로 자는 자담(子膽), 호는 동파(東坡)이다. 시(詩)·사(詞)·서예에도 뛰어났다. 당송팔대가 중의 한 사람이다.

▪ 청안青眼 : 기뻐하면서 정면으로 사람을 보는 눈으로 진나라 완적은 자신이 좋아하는 사람은 청안으로 맞이하고, 싫어하는 사람은 백안白眼으로 맞이했다는 고사에서 취함.

소제에는 많은 버들의 녹음이 아름다운 다리를 감싸고 부드러운 버들가지가 바람을 맞아 살랑살랑 흔들리는데 왠지 쓸쓸하다.

지금 둑 위에 이르러 버들에게 고운 눈길을 남겨두려고 하는데 버들은 나그네를 쳐다보지 않고 다투어 한들거리기만 한다.

湖心亭	호심정
輕搖柔櫓上湖亭	가볍게 흔들리며 부드럽게 노를 저어 호심정으로 가는데
南北峰高列翠屛	남북의 높은 봉우리 푸른 병풍처럼 늘어서 있네.
夾水蜃樓廻浪白	물을 머금은 신기루는 흰 파도를 빙빙 돌리고
孤城雉堞擁潮青	고성의 낮은 울타리는 물을 안아 푸르네.
棕櫚葉靜林風軟	종려나무 잎은 조용하고, 숲의 바람은 부드러우며
楊柳枝分岸雨停	버드나무 가지는 갈래지어 비오는 언덕에서 멈춰 있네.
暫息勞生來此地	잠시 쉬려고 호심정에 왔더니
豁然如在夢中醒	꿈에서 깬 듯 상쾌한 기운이 활짝 펼쳐지네.

▪ **호심정**湖心亭 : 서호의 중앙에 있는 정자 이름으로 원래는 진로정振鷺亭이라고 불렀으며, 1552년에 건립, 1953년에 중건되었다. ▪ **취병**翠屛 : 푸른 산이 연이어 있는 모양으로 서호는 북쪽에 보석산寶石山·갈령葛嶺, 서쪽에 북고봉北高峰·비래봉飛來峰, 남쪽에 남고봉南高峰·옥황산玉皇山·남병산南屛山 등의 산에 둘러싸여 있다. ▪ **신루**蜃樓 : 신기루로 해상이나 사막 등에서 빛의 줄기가 공중에 보이는 현상이다. 옛사람은 신蜃(대합조개의 일종)이 토해내는 숨에 의해 만들어진다고 상상했다. ▪ **치첩**雉堞 : 성의 낮은 울타리로 성장城牆의 척도를 말한다. 높이는 한 길, 길이는 세 길. ▪ **종려**棕櫚 : 따뜻한 지방에서 생산되는 야자나무과의 상록고목이다. 줄기는 직립하고 가지는 없으며, 꼭대기에 부채 모양의 잎이 군생한다. ▪ **노생**勞生 : 괴로움이 많은 인생. ▪ **활연**豁然 : 활짝 열린 모양으로 의심하고 망설이던 마음이 활짝 열리는 모양. 도연명●의 「도화원기」에 "다시 가기를 수십 걸음 활연히 열렸다"고 했다.

도연명(陶淵明, 365~427) : 이름은 잠(潛)이고, 호는 오류선생(五柳先生)이며, 연명은 자(字)이다. 동진 말기부터 남조의 송(宋, 劉宋이라고도 함) 초기에 걸쳐 생존했다. 그는 팽택 현령이 된 지 겨우 80여일 만에 사임하고 고향으로 돌아갔다. 이후 죽을 때까지 20여 년간 은둔생활을 했다.

가볍게 배가 흔들리고 천천히 노를 저으며 나아가 호심정으로 향한다. 서호의 남북에는 푸른 산들이 병풍처럼 늘어서 있다. 호수의 양쪽 언덕에는 호수 물을 자르듯이 신기루와 같은 아름다운 하얀 파도가 일고, 고성孤城의 낮은 울타리는 호수의 물을 감싸 안아 푸른 이끼가 펴져 있다.

정자 주변의 종려나무 잎은 조용하고, 주변 나무에 부는 바람은 부드러우며 버드나무 가지는 갈래지어 비오는 언덕에 멈춰 있다. 한동안 휴식하려고 호심정을 방문하니 눈앞에 확하고 아름다운 풍경이 펼쳐져 마치 꿈에서 깬 듯한 맑은 기분이 되었다.

飛來峰	**비래봉**(2수 중 제1수)
峰旣能飛來	비래봉은 인도에서 날아 왔다는데
何不仍飛去	왜 다시 날아가지 않을까.
落落寺門前	적막한 절 문 앞에서
誰人堪與語	누구와 이야기하면 좋을꼬.

▪ **비래봉**飛來峰 : 항주 서호의 서쪽 언덕에 있는 산 이름으로 영취봉靈鷲峰이라고도 한다. 이 근처에 영은사靈隱寺가 있다. 『여지기輿地記』에 "진晉나라 함화咸和 연간(326~334)에 서역 승려 혜리慧理가 이 산에 올라 탄식하며, '이곳은 중천축국中天竺國● 영취산의 작은 고개이다. 모르겠다, 어느 해에 날아왔을까. 그러므로 이 봉우리를 비래라고 부르고, 또한 영취봉이라고 이름 붙인다'"고 했다. ▪ **낙락**落落 : 듬성듬성하여 적적한 모습.

천축국(天竺國) : 옛날 중국에서 인도를 가리키던 이름이다. 천축국은 동천축국, 서천축국, 남천축국, 북천축국, 중천축국 다섯 천축국이 있다. 신라 시대의 고승 혜초가 인도와 서역 및 아랍을 4년간 두루 여행하고 남긴 기록 『왕오천축국전(往五天竺國傳)』이 있다.

이 비래봉은 옛날 인도에서 날아 왔다고 말하는데 왜 이 곳에 자리 잡고 날아가지 않았을까.

적막한 절 문 앞에 서서 바라보니 이 쓸쓸한 절 앞에 서 있는 것을 누군가와 함께하면 좋을 듯하다.

飛來峰	**비래봉**(2수 중 제2수)
獨立亂草中	어지러운 수풀 속에 홀로 서서
無翼難高擧	날개가 없어 높이 올라가기 어렵네.
今日湖西頭	오늘 서호 서쪽엔
相看吾與汝	서로 바라보는 나와 그대뿐.

비래봉은 저쪽 수풀 가운데 홀로 높이 솟아 있다. 날개가 없으면 하늘 높이 날아올라갈 수가 없다.

오늘, 서호의 서쪽 근처에는 서로 바라보는 시인과 그대, 비래봉뿐이다.

仙霞嶺觀梅	**선하령에서 매화를 보다**
璽書高捧上仙霞	칙서를 높이 받들고 선하령에 올라
曲磴紆廻路轉賖	굽은 돌길 구불구불 길은 더욱 멀구나.
鎖鑰千層高揷漢	천 층의 자물쇠 같은 봉우리는 높이 하늘에 꽂혔고
風烟夾道倒飛沙	좁은 길의 바람안개는 뒤집혀 모래 날리네.
嶺頭花待遊人賦	선하령 꼭대기 매화는 나그네가 시 짓기를 기다리고
雪裏香隨使者車	눈 속의 향기는 사신의 수레를 따라오네.

過此仍爲閩嶠客	이곳을 지나가면 복건성의 나그네 되니
不堪聞鴈更思家	기러기 소리에 고향에 대한 그리움 더욱 견딜 수 없네.

■ 선하령仙霞嶺 : 절강성과 복건성 사이에 있다. "선하관仙霞關은 구주부衢州府 강산현江山縣의 남쪽 100리 선하령 위에 있고, 또 남쪽으로 복건성 포성현까지 120리로 절강성과 복건성을 왕래하는 요충지이다. 혹자는 선하령은 옛날 천산泉山이라고 한다."(『讀史方輿紀要』) 1800년(상온 6)의 책봉부사 이정원李鼎元의 『사유구기使琉球記』에 "28일庚戌 소만小滿 맑음. 선하령에 오르니 산꼭대기에 관문이 있다. (…중략…) 주위는 100리로 모두 높은 산과 깊은 계곡이다. 대개 오르는데 360개의 계단과 24개의 굽이를 거쳐야 한다. 길이는 10리로 두 절강 지역의 길목에 해당하고 복건성●의 인후咽喉가 된다. (…중략…) 고개 중턱에 우선 관제묘가 있으니 조금 쉬어야 한다. 벽 위에 제영題詠이 많다. 항욕상인恒浴上人 또한 비속하지 않은 시 3수를 지어 여기에 바쳤다. 관제묘 곁에 샘물이 있고, 그 언저리에 정자를 두어 우화암雨花庵이라고 했으며, 위에는 역원 선생●의 목각 시방詩膀이 있는데 구절이 매우 신선하다"고 되어 있다. 이정원 일행이 이곳을 통과한 것은 4월이고, 정순칙 일행이 온 것은 12월의 추운 시기였다. ■ 새서璽書 : 새는 황제의 도장으로 북경에서 중국 황제에게 받은 칙서이다. ■ 곡등曲磴 : 등은 돌계단, 돌 비탈길로 굽은 돌계단이다. 이정원이 기록한 대로이다. ■ 쇄약鎖鑰 : 자물쇠와 열쇠. ■ 풍연風烟 : 바람과 연기. 바람에 길게 낀 안개. 노조린●의 「초여름 유장의

복건성 : 원문에 '팔민(八閩)'이라고 하였는데, 팔민은 복건성의 다른 이름이다. 복건성은 '칠민' 혹은 '팔민'이라고도 한다. '팔민'이라고 한 것은 원나라 때, 복주(福州)·건저(建宁)·천주(泉州)·홍화(興化)·소무(邵武)·연평(延平)·정주(汀州)·장주(漳州) 여덟 개의 부(府)로 인해 생긴 이름이다.

역원 선생(櫟園先生, 亮工) : 주량공(周亮工, 1612~1672), 자는 원량(元亮)이고, 호는 역원(櫟園)이다. 하남성 개봉 사람으로 뒤에 강소성 남경에서 살았다. 고문에 뛰어났고 팔분서를 잘 썼으며 박학다재했다.

노조린(盧照隣, 637~689) : 당나라 시인으로 자는 승지(昇之), 호는 유우자(幽憂子)이다. 초당 사걸의 한 사람으로 저서에 『오비문(五悲文)』, 『노승지집(盧昇之集)』 20권이 있다.

시初夏日幽莊詩」에 "숲 골짜기 사람 적고, 새의 길엔 바람과 안개 기네"라고 했다. ■ 설리향雪裏香 : '눈 속의 맑은 향기雪裏淸香'로 매화의 이칭. 눈 속의 매화는 '설매雪梅'라고 하며 성품과 행실이 깨끗함을 비유하여 옛날부터 많은 시에서 노래했다. ■ 안鴈 : 기러기는 편지를 나른다. 기러기의 울음소리를 듣고 멀리 떨어진 고향이 생각나 괴로워한다.

칙서를 높이 받들고 선하령에 오른다. 이곳을 넘으면 이제 복건성이다. 굽은 돌 비탈길을 구불구불 아득한 위를 향해 계속 나아간다. 선하령은 절강성과 복건성 사이의 자물쇠와 같이 여러 겹으로 겹쳐져 하늘에 꽂힐 듯 솟아 있고, 길 양쪽에는 바람에 나부끼는 안개가 끊어져 날고, 길 위의 눈은 바람에 나부껴 모래처럼 춤추며 오른다.

선하령 꼭대기 매화는 그 아름다운 자태로 나그네가 시를 읊조리기를 기다리고 있었던 듯, 사신들의 수레를 따라 오는 것 같다. 이곳을 지나가도 역시 이국 도시 복건성의 나그네, 하늘을 날아가는 기러기 소리에 고향 유구에 대한 그리움이 한층 더하여 견딜 수 없다.

2

정단만程摶萬

(테이센반, 1689~1702)

『분여고焚餘稿』는 정순칙의 차남 정단만의 시집으로 『중산시문집』에 수록되어 있다. 14세의 어린 나이로 요절한 차남의 11세부터 14세까지의 작품 10수를 아버지인 정순칙이 편집해서 1706년 44세 때 진공사로 청나라에 갔을 때, 복주의 은사 진창기陳昌其에게 보이고 서문을 구했다. 그 서문에서 진창기는 정단만의 시재를 당나라 시인으로 시선詩仙이라고 일컬어지는 이백李白과 귀재鬼才 이하李賀에게 비유하면서 '하늘이 이 사람에게 나이를 빌려주었다면, 두보[•]의 깊은 경지를 엿보아 정씨의 가세家勢를 크게 했을 것이니, 그 정도를 헤아릴 수가 없을 것이다. 각각 백설의 노래 아직 끝나지 않았는데, 아름다운 꽃 이미 시드네. 신선인가, 귀신인가. 나 또한 어떻게 이를 헤아리면 좋을까. 정단만이 이미 나를 보지 못하고 타계했으며, 나 또한 정단만을 보지 못하고 늙었네. 아아, 이 한스러움 영원히 유명幽明으로 떨어져 겨우 남긴 원고 몇 줄로 나의 탄식을 자아내네'라고 썼다. 나머지는 그의 이른 죽음을 애도하고 있다.

두보(杜甫, 712~770) : 당나라 시인으로 자는 자미(子美)이다. '두릉(杜陵)' 또는 '소릉(少陵)'이라고도 일컫는다. 만년에 공부원외랑(工部員外郎)의 관직을 지냈으므로 두공부(杜工部)라고 불리기도 한다. 이백과 함께 중국의 최고 시인으로 일컬어진다.

정순칙에게는 4명의 아들이 있었는데 모두 젊어서 타계했다. 특히 1702년 40세 때에는 아들 3명과 동생이 차례로 죽었다. 그해 3월 7일, 삼남 단운摶雲이 11세로 죽었다. 6월 15일에는 동생 순성順性이 청나라에서 귀국하던 중 조난을 당해 죽었다. 7월 17일에는 장남 단구摶九가 22세로, 9월 12일에는 차남 단만이 14세로 죽었다. 따라서 집안의 대는 막내아들 윤승允升(원래 이름은 단소摶霄이다)이 이었지만 그 역시 1729년 북경대통사의 임무를 띠고 사은사와 나란히 진공 사신 일행을 따라 북경에 가던 도중산동성 청주에서 36세로 갑자기 죽었다. 정순칙은 67세의 노령으로 아들을 전부 잃고 정신적으로 큰 상처를 받았다. 집에는 네 명의 손자(모두 윤승의 아이들이다)가 남아 있었지만 장남 용광容光은 겨우 약수재●가 되었고, 차남 용량容亮은 3세, 삼남 용덕容德은 2세, 게다가 여기에 어린 장녀까지, 정순칙의 근심은 이루 다 말할 수 없었다.

약수재(若秀才) : 쿠메무라 쿠메인의 벼슬은 통사에서 시작해서 삼사관좌부(三司官佐敷)가 최고 직위이다. 약수재와 수재(秀才)는 이 품계(品階)에서 제외된다. 통상 10세에서 12세에 약수재로 칭하고 쌀 한 섬을 준다. 15세가 되면 성인으로서 상투를 틀고 공자묘에 참배하며, 국왕을 알현하고 수재로 불린다. 수재가 되면 쌀 세 섬을 받는다.

정순칙에게 막내아들 윤승이 죽기 전 해는 밝은 해였다. 2월에 윤승이 북경대통사에 임명되었고, 10월에 손자 용덕이 태어났으며, 11월에 윤승이 청나라로 출발했고, 12월에는 자신이 나고 간절 총지두名護間切總地頭에 임명되었다. 그러므로 다음 해의 불행은 정신적으로 대단히 큰 충격이 되었다고 생각된다. 그의 비운은 아무리 높은 작위를 받아도 위로가 되지 못했을 것이다. '기량과 도량이 깊고 학식이 풍부한 정순칙도 인생에는 과감하지 못하여 문을 닫고 손님을 사절하며, 세상과 관계를 끊고 은둔하려고 했다. 그런데 그의 벗인 채온이 곧바로 글로써 그의 속마음을 드러내어 결심을 바꾸려고 했다. 이때 정순칙이 채온에게 보낸 편지는 아직 보지 못했지만 채온의 답서에 의해 그 대강을 알 수 있다'(伊波普猷・眞境名安興, 『琉球之五偉人』)는 지적에서도 그것을 충분히 엿볼 수 있다.

어쨌든 『분여고』는 요절한 아들에 대한 아버지 정순칙의 애틋한 마음의 애도가 담긴 시집이다.

春日登山	봄날 산에 오르다—11세 작
春山一望景無窮	봄 산에 올라 바라보니 아름다운 풍경 끝없고
海色蒼蒼萬里空	바다 빛은 푸르러 만 리 하늘과 이어졌네.
飛鳥數聲雲幾點	구름 사이로 지저귀며 날아가는 새
何時收入畫圖中	언젠가 그림으로 그리고 싶구나.

▪ **춘일등산**春日登山 : 들이나 산의 초목이 싹을 틔우고 꽃이 피기 시작한 봄 경치는 그것만으로도 사람 마음을 들뜨게 하는데 화창한 태양을 받으며 높은 곳에 올라 봄 경치를 즐기는 것은 멋지고 사치스런 놀이이다. 두보의 「춘망春望」과 그 외 많은 시인이 작품의 제재로 하고 있다. 조금 다른 곳에서는 노자가 '뭇사람들 기뻐하고 기뻐하는 것이 큰 소를 잡아 잔치를 여는 듯, 봄날 누대에 오른 듯한다(衆人熙熙, 如享太牢, 如春登臺, 『노자』 20장)'는 상류사회의 사치스런 환락을 비판하는 예의 하나로 넣고 있다. ▪ **춘산**春山 : 시에 있어서 용례가 다수 있다. 그러나 '시어로서 춘산의 용례는 육조시대에는 보이지 않고, 이백 · 왕유● 등 당대 이후에 있다'(『中國文學歲時記』 春上)고 한다. '봄날 산은 어딜 가나 좋게 마련'(장적, 「이발에게 보냄寄李渤」), '그대 사는 곳 찾아 봄 산골 혼자 가니'(두보, 「장씨 은거에 붙임題張氏隱居」 2수 중 제1수) 외에 봄 산의 따뜻한 모습을 '봄 산이 웃는 듯하다'(곽희, 「산수훈山水訓」)고 표현한 것도 있다. ▪ **해색창창**海色蒼蒼 : 중국이라면 '산'이란 말이 나오면 당연히 '하河'와 '강江'이 오지만, 큰 강물이 없는 유구는 '산'에 대해서 '바다'를 가지고 온 것이라고 보아도 좋다. '원강●의 적적함 봄이 다 지나가고, 푸른 물 물풀 향기에 사람들 절로 시름하네'

왕유(王維, 699~759) : 당나라 시인이자 화가로 시와 음악과 그림에 뛰어난 재주를 보였다. 송나라 시인 소식이 왕유의 시와 그림을 보고 품평한, '시 속에 그림이 있고, 그림 속에 시가 있다(詩中有畵, 畵中有詩)'라는 말은 시서화(詩書畵) 삼절(三絶)을 기본으로 하는 동양화, 특히 남종화(南宗畵)의 모토(motto)가 되었다.

원강(沅江) : 중국 남동부 귀주성 동부에서 호남성 서부에 걸쳐 흐르는 강이다.

(이군옥, 「남장의 늦봄南莊春晩」), '강물이 푸르니 새 더욱 희고, 산이 푸르니 꽃은 불타는 듯 붉네'(두보, 「절구絶句」), '넘실넘실 출렁이는 물결 흰 갈매기 날고, 푸르고 깨끗한 봄기운 깊이 옷에 물들어 좋네'(두목, 「한강漢江」) 등의 예에서는 모두 강물을 인상적으로 묘사하고 있다. ▪ 화도중畫圖中 : 화도는 그림 혹은 그림으로 묘사한 것이다. 여기에서는 봄의 아름다운 풍경을 그림으로 묘사한 것이다. 시 속에 그림의 맛이 있는 것을 '시 속에 그림이 있다(詩中有畵)'고 한다. 소식이 왕유의 시를 보고 '시 속에 그림이 있고, 그림 속에 시가 있다'고 평하였다.

봄 산에 올라 바라보니, 멀리 바라보이는 봄 풍경이 가득하여 다함이 없다. 바다 빛은 푸르러 아득히 만 리 저쪽까지 펼쳐져 똑같이 푸른 하늘과 접하고 있다.

뭉게뭉게 구름이 떠가는 하늘을 새가 지저귀며 줄지어 날아가니 언젠가 이 아름다운 풍경을 그림으로 그리고 싶다.

步月	**달빛을 밟으며**－12세 작
中庭滿樹白璘璘	나무 가득한 뜰에 달빛이 반짝반짝
萬里淸光絶點塵	만 리 밝은 달빛은 속세의 더러움 끊어내네.
尋句踏殘三徑後	시구를 찾으려고 세 갈래 뜰 길을 거니니
夜深欲問廣寒人	밤도 깊어 달에 사는 항아에게 물어보고 싶네.

▪ **인린**璘璘 : 옥처럼 반짝반짝 빛나는 모양. ▪ **청광**淸光 : 달의 맑은 빛. ▪ **점진**點塵 : 한 점의 먼지. 약간의 더러움. '마을을 감싼 들의 물 푸르게 흐르고, 수양버들 깊은 그늘 티끌먼지 끊네.'(太田蘭香, 「小梅村矚目詩」)

■ 삼경三徑 : 정원에 있는 세 개의 작은 길로 은둔자의 뜰을 말한다. 한나라 장후蔣詡가 뜰 가운데 세 개의 길을 만들고 소나무, 국화, 대나무를 심었다는 고사에서 유래했다. ■ 광한인廣寒人 : 광한은 달의 궁전 이름이다. 그곳에는 광한선자廣寒仙子라고 하는 미녀 항아嫦娥가 있다.

뜰에는 수목이 가득하고 달빛이 가득하다. 멀리 바라보이는 맑은 달빛은 속세의 더러움을 곧 씻어버리는 듯하다.

이 깨끗하고 상쾌한 달밤을 표현하기에 적당한 시구를 찾으려고 뜰을 거닐며 맴도니 밤도 깊어 청량한 달빛이 쏟아지니 달에 사는 항아에게 물어보고 싶다.

詠竹	대나무를 노래함－13세 작
庭前百尺竿	뜰 앞 백 척의 대나무
九十夏生寒	여름 석 달 시원한 바람 부네.
高節壓花逕	높은 절개는 꽃길을 압도하고
淸姿護玉闌	맑은 자태는 옥난간을 보호하네.
月來生个个	달이 뜨면 한 그루, 한 그루 살아나고
風過動珊珊	바람이 지나가면 싸－아한 소리 내며 움직이네.
群木凋霜落	많은 나뭇잎이 서리에 시들어 떨어져도
虛心獨自安	속이 텅 빈 대나무는 홀로 편안하네.

■ 구십하九十夏 : 여름 석 달 90일간의 더운 기간. 여름을 말하는 예는 보이지 않지만 '구십춘광九十春光'이라고 봄 석 달 90일간의 화창한 햇살을 말하는 것은 있다. ■ 고절高節 : 높은 절개와 지조. ■ 옥란玉闌 : 난은 문에 가

로질러 출입을 막는 것이고, 옥은 미칭. ▪ 개개个个 : 하나하나의 것으로 대나무 한 그루, 한 그루를 말한다. ▪ 산산珊珊 : 오비의 옥이 내는 소리로 이슬의 맑고 깨끗한 모습. 그러므로 '노산산露珊珊'이라고 한다. 여기에서는 대나무 잎이 바람에 날려 싸—아 하고 울리는 소리를 아름답게 표현한 것이다. ▪ 허심虛心 : 마음을 비웠다는 뜻이 있지만 여기서는 대나무의 속이 텅 비었다는 뜻이다.

뜰 앞에 백 척이나 된다고 생각되는 높이 자란 대나무가 있어, 여름 석 달간 시원한 바람이 불고 있다. 그 고결한 기품은 꽃이 핀 뜰의 작은 길을 압도하고, 맑고 깨끗한 그 자태는 아름다운 집 난간을 보호하고 있다.

달이 뜨면 한 그루, 한 그루의 대나무가 생생한 그림자를 만들고, 바람이 불면 움직이며 싸—아한 옥소리를 낸다. 많은 나뭇잎이 서리에 시든 뒤에도 타고난 속이 텅 빈 대나무만은 높은 절개를 자랑하듯이 차분하고 편안하다.

詠蘭	**난을 노래함**—14세 작
紫莖綠葉滿庭幽	자줏빛 줄기 푸른 잎이 정원 가득 그윽한 향기
獨秀園中一片秋	뜰 가운데 홀로 빼어나 한 조각 가을인 듯.
空谷無人明月夜	사람 없는 쓸쓸한 골짜기의 밝은 달밤
幽香不散客滯留	그윽한 향기 흩어지지 않아 나그네를 머물게 하네.

▪ 자경紫莖 : 자줏빛 줄기. 『초사楚辭』「구가九歌」「소사명小司命」에 "가을 난은 푸르고 푸르며, 푸른 잎에 자줏빛 줄기"라고 했다. ▪ 일편추一

片秋 : 일편은 한 조각, 한 가닥 등 작은 것을 말하는데 여기서는 난 주변을 감도는 가을의 기미라는 뜻으로 취했다. ▪ 공곡空谷 : 쓸쓸한 골짜기. 조용한 골짜기. ▪ 유향幽香 : 난초의 그윽한 향기. 주희朱熹(1130~1200)의 「난시蘭詩」에서는 '머금고 있는 그윽한 향기 오래도록 맑네'라고 했다. 또 깊은 골짜기에서 피는 난초, 우아한 기품 높은 난초를 유란幽蘭이라고 말한다. 육기●의 「비재행悲哉行」에 "유란은 온 골짜기에 가득하고, 장수長秀는 높은 봉우리를 덮었네(幽蘭盈通谷, 長秀被高岑)"(『文選』 卷28) 등의 예가 있다.

육기(陸機, 260~303) : 중국 서진(西晉)의 문학비평가. 오나라 출신으로 오나라 개국공신 가운데 한 명인 육손의 손자이며 총사령관이었던 육항의 넷째 아들이다. 오나라가 진(晉)에 의해 멸망된 뒤 10년 동안 숨어 살았다.

자줏빛 줄기에 푸른 잎이 정원에 가득하여 아름답고, 뜰 가운데 다른 꽃보다 혼자 빼어나 그 주변에 가을의 기운이 넘친다.

사람 없는 깊고 조용한 곳에서 달빛에 뽐내는 우아한 난의 향기가 흩어지지 않아 나그네가 떠나지 못할 정도이다.

3

채온蔡溫

(사이온, 1682~1761)

채온의 자서전에 의하면 16세까지 총명하지 못해 강담사장*의 강의를 이해하지 못했고, 한 구절도 외우지 못했다. 그 때문에 8월 15일 밤, 벗들에게 창피를 당하고 발분하여 많은 노력을 거듭했다. 이것이 채온의 일생에서 첫 번째 전환기가 되었다.

강담사장(講談師匠) : 유구는 1676년 문리(文理)에 정통한 한 사람을 선발하여 강해서(講解師)로 하고, 구두(句讀)에 밝은 한 사람을 선발하여 훈고사(訓詁師)로 하였다. 강담사장(講談師匠)인 강해사는 사서오경(四書五經)의 뜻을 해석하는 교수직이고, 독서사장(讀書師匠)인 훈고사는 자구(字句)의 읽기 및 훈점을 지도하는 교수직이다.

그로부터 20세까지 대부분의 서적을 읽고, 유학儒學의 기본적인 학습을 마쳤다. 21세가 되어 독서사장讀書師匠의 역할을 맡게 되었고, 26세에는 강담사장 역할까지 맡게 되었다. 27세가 되자 진공존유역이 되어 복주로 건너갔으며, 정·부사 등이 북경으로 갈 때 채온은 유구관에 체류하게 되었다. 이때 금계산錦鷄山 능운사凌雲寺의 장로와 친하게 지냈으며, 그의 소개로 절의 서원書院에 머무르고 있던 호광湖廣(호북·호남을 말한다) 사람이라고 하는 은자隱者와 대면하게 되었다. 장로는 '이 사람은 보통 사람이 아니다. 자신은 어떤 사람인지 짐작도 할 수 없다'고 말했다. 이 은자와의 만남이 채온의 인생에서 두 번째 전환기가 되었다.

은자는 채온과의 대담에서 그의 시작詩作과 유학의 힘을 시험하고는 '당신은 28세까지 학문을 했다고 말하지만 시문을 아무리 지어도, 서적을 아무리 읽어도 그것은 세공인細工人의 업과 같아서 학문과는 크게 다른 것이다. 사서육경 등은 전부 치국治國의 중요함을 설명하는 것인데 이 점을 잊고 문장을 짓고, 문자의 말류에 구애되는 것은 문자의 찌꺼기를 핥는 것으로 바른 맛을 알지 못하는 것'이라고 비평했다. 채온은 이에 따라 자신의 학문에 대한 사고방식을 반성하고, 그해 12월까지 노인으로부터 학문의 진수와 정치의 근본에 대한 가르침을 받았다. 작별할 때 채온이 그의 성명을 묻자 단지 '호광 사람'이라고만 답하고 떠나갔다고 한다.

이에 대해 많은 사람은 채온이 국사國師, 삼사관•이 되어 농정農政·임정林政·치수治水 등의 정책을 실현한 것과 연결시켜 이 호광 사람은 양명학도이고, 채온은 이 사람으로부터 실학적인 양명의 학문을 배운 것이 아닐까라고 생각했다. 1800년 책봉사로 유구에 왔던 이정원이 채온을 평가하면서 '주자를 배웠지만 순수하지 않은 사람'이라고 말한 것은 적절한 평가라고 생각한다.

삼사관(三司官) : 종1품이다.

채온은 복주에 머무는 중에 고산鼓山 용천사湧泉寺의 『일체경一切經』 수행을 계기로 경전을 거듭 읽고, 그 진리를 이해하여 유교와 불교는 서로 보완하는 것임을 알았다. 29세에 귀국해서 북산으로 말을 타고 여행했다. 31세 때, 상경尙敬이 왕위에 오르자 채온은 국사國師가 되었다. 32세에 수리 적평赤平에 저택을 하사받아 쿠메무라에서 이주했다. 35세에 신구좌•에 오르고, 승련 간절 신곡지두직勝連間切神谷地頭職에서 서원 간절 말길지두직西原間切末吉地頭職으로 옮겨 말길친운상末吉親雲上(뒤에는 親方)이라고 불렸다.

신구좌(申口座) : 유구의 위계에서 종3품에 해당한다. 정3품은 신구이다.

35세 때에는 정의대부•가 되어 진공進貢과 상경尙敬의 청봉請封(왕위에 오름을 청하는 것)을 위한 부사로 청나라로 갔다. 바람 때문에 북경에 도착한 것은 다음 해가 되어서였는데 북경에서는 황태후가 서거하여 황제부터 백관에 이르기까지 장례로 바빠 청봉 등은 돌아볼 수가 없었다. 이때는 의제사儀制司·정선사精膳司·주객사主客司가 청봉의 일을 담당하고, 제독은 진공의 일만을 관리했다고 한다.

정의대부(正議大夫) : 쿠메무라의 위계명(位階名)으로 정4품에 해당한다.

유구에게 가장 중요한 청봉의 건에 대해서는 어느 곳에서도 채택되지 못하는 십중팔구 불가능한 일로 생각되었다. 그런데 예부의 장관과 채온의 필담에 의해 허락되었다. 예부의 장관이 채온에게 유구에서는 1709년에 국왕 상정尙貞이 서거했는데 지금까지 10년 가까이 청봉을 늦춘 이유가 무엇인지 따져 물었다. 채온은 필담으로 '상정왕이 서거한 뒤 상복 기간이 있었고, 연이어 다음 왕인 상익왕尙益王이 서거하여 상복 기간이 있었다. 1714년에 상복 기간이 끝나자 1715년에는 접공의 해였다. 지금까지의 예로서 청봉은 진공의 해에 하지 않으면 안 된다. 따라서 금년 1716년이 진공의 해이므로 아울러 청봉을 행하니 늦어져 예를 잃어버린 것이 아님'을 논리 정연하게 대답했다. 예부의 장관도 이것을 인정하여 1719년에 책봉사가 유구로 왔다.

47세에는 삼사관이 되었는데 이후 71세에 삼사관을 사임하기까지 24년, 국사가 되고부터 계산하면 30년의 긴 기간이다. 그 사이 채온이 실시한 정책은 다방면에 걸쳐 있다. 『농무장農務帳』을 발포하여 경작・재배・시비법을 가르치고, 『산림진비山林眞秘』를 써서 산림의 중요성・조성법・보존법을 가르쳐 모든 섬 각지에 산림이 조성되었으며, 우지천羽地川을 개수하여 많은 다리를 놓았고, 나하항을 준설하여 치수법을 가르쳤다. 또 『어교조御教條』를 모든 섬 각 마을에 배포하여 국민 각층이 지켜야 하는 도덕을 가르쳤다.

채온은 『독물어獨物語』에서 '전대前代의 인구는 7, 8만 명이었지만 지금은 20만 명에 이른다. 앞으로 10, 20만 명이 증가해도 자신의 농법을 계속해 나간다면 의식衣食에 부족함은 없을 것이다'라고 자찬하고 있다. 80세의 장수를 누리다 1761년 12월 29

일 서거했다. 채온은 뛰어난 학자이기도 하여 다음과 같이 많은 책을 저술했다.

『평시가내물어平時家內物語』, 『어교조御教條』, 『사옹편언簑翁片言』, 『독물어獨物語』, 『성몽요론醒夢要論』, 『자서전自敍傳』, 『도치요전圖治要傳』, 『속습요론俗習要論』, 『거가필람居家必覽』, 『가도훈家道訓』, 『치가첩경治家捷徑』, 『농무장農務帳』, 『산림진비山林眞秘』, 『임정제규칙林政諸規則』 등이다.

왕집(汪楫) : 자(字)는 주차(舟次)로 휴녕(休寧) 사람이다. 1683년 상정왕의 책봉 정사로 유구에 왔다.

채온은 책봉사 왕집•이 저술한 『중산연혁지中山沿革志』에 의해 채탁본 『중산세보中山世譜』의 오류를 발견하고 이를 개정했다. 현재 일반적으로 사용되고 있는 것은 채온본 『중산세보』이다.

恩納嶽	은납악
一片高峰盡是松	한 조각 높은 봉우리 모두 소나무인데
吾將此地訪仙蹤	나는 신선의 자취를 찾으러 이곳에 왔다네.
雲深祇怕迷前路	구름 깊어 길 헤맬까 두렵지만
却使院郎笑蔡邕	오히려 벼슬아치들이 채옹을 비웃지나 않을지.

조용(組踊) : 일본어로 쿠미오도리라고 하며, 대사·노래·무용으로 구성된 유구의 고전극이다.

왕문치(王文治, 1730~1802) : 청나라 건륭시기의 시인이자 서예가로 호는 몽루(夢樓)이다.

▪ 은납악恩納嶽 : 오키나와현 중부의 은납촌恩納村에 있는 산으로 유가琉歌나 조용•에서도 읊조려질 만큼 아름다운 자태를 자랑한다. 1756년 책봉사의 종객 왕문치•는 "여러 봉우리 하늘 저 멀리 솟아 있네(數峯天遠)"라는 편액을 남겼다. ▪ 고봉高峰 : 은납악은 표고標高 362.8m이다. ▪ 채옹蔡邕 : 후한 때 자字도 완전히 같은 백개伯喈라는 두 사람의 인물이 있었다. 이 중에

시재詩才가 뛰어나고 벼슬도 의랑議郞에서 좌중랑이 되고, 고양후高陽侯에 임명되었지만 뒤에 사형된 인물이 알려져 있다. 그러나 여기에서는 은거하며 벼슬하지 않고, 효행으로 잘 알려진 인물이라고 이해된다.

아름답고 기품 가득히 높이 솟은 은납악의 주변에는 유구 소나무로 덮여 있고 채온은 이곳에 신선의 발자취를 찾으려고 왔다.

그러나 산은 깊고 구름에 막혀 길을 헤맬 것 같은데 오히려 자신이 동경하던 선인 채옹이 속물 관리들의 비웃음을 사게 되는 것이 아닐까 하고 염려하고 있다.

泛許田湖	**허전호에 배를 띄우고**
淸湖十里抱村流	맑은 호수 십 리 마을을 안아 흐르고
此日偸閑獨泛舟	오늘 한가로이 홀로 배를 타네.
楓樹初飛堤上葉	단풍나무 처음으로 둑 위에 잎을 날리고
釣竿殊狎水中鷗	낚싯대는 특별히 물속의 갈매기와 친압親狎하네.
天涯風靜霞光落	하늘 끝 바람도 조용하고 노을도 엷어져
紅面峰高月影浮	붉게 물든 호수엔 높은 봉우리와 달그림자가 떠 있네.
纔是滄浪漁父興	적으나마 창랑 어부의 흥에 가까울 것이나
敢云我續范蠡遊	감히 말하노니, 나는 범려의 유람을 따르고 싶구나.

■ **허전호**許田湖 : "나고쵸名護町(현재 나고시) 남쪽 1리, 호변저만湖邊底灣 옆에 있는 마을로 검지장檢地長● 구전久田이 만들었다. 맑은 샘물이 있어 '허전의 수수手水', '허전의 옥천玉川'이라고도 부른다. 재자가인才子佳人의 사랑 이야기인 우타마

검지(檢地) : 연공(年貢)의 징수와 농민 지배를 목적으로 막번영주(幕藩領主)가 행하던 토지 측량조사이다.

쿠라● 로도 삼는다"(東恩納寬惇, 『南島風土記』). 허전의 내해內海라고도 하는 호변저湖邊底의 풍치를 노래한 것이다. ▪ 투한偸閑 : 한가함을 내다. ▪ 창랑어부흥滄浪漁父興 : 굴원●의 「어부사漁父辭」에 "창랑의 물이 맑으면 내 갓끈을 씻을 것이고, 창랑의 물이 흐리면 내 발을 씻으리라"고 했다. 세상과 함께 옮겨갈 수밖에 없다는 사고방식으로 물이 맑듯이 천하가 잘 다스려지면 나와서 나라에 벼슬하고, 물이 흐린 듯 천하가 어지러우면 자신은 발을 씻듯이 그 곳에 어울리지 않는 것이 좋다는 뜻이다. ▪ 범려유范蠡遊 : 「범려범호范蠡泛湖」라는 『몽구』●의 표제가 있다. 범려는 월왕 구천을 섬겨 20년 만에 마침내 오나라를 멸하고 회계의 수치를 갚았다. 그런데 월왕 구천은 목이 길고 입은 까마귀 주둥이같이 생겨서 오래 섬길 수 없다고 판단하고 이름을 바꾸어 배를 타고 제나라로 가서 성공하여 큰 재물을 모았다. 여기서는 스스로의 뜻으로 월나라를 떠나 배에 자신을 맡기는 자세로 지금의 놀이에 비유했다. 게다가 '길게 벼슬할 수 없겠다고 판단하고' 월나라를 버렸다고 하는 데 중점을 둔 것이 아니고, '배를 강물에 띄워'에 공감하고 있다고 생각된다. 왜냐하면 상경왕의 명신인 채온의 언사이기 때문이다.

우타미쿠라(歌枕) : 와카(和歌)에서 사용하는 말이나 노래하던 제재(題材) 혹은 그것을 모아 기록한 서적을 의미하기도 한다.

굴원(屈原, BC343~BC278) : 전국시대 초나라의 정치가이자 시인으로 이름은 평(平)이고, 원(原)은 자이다. 초나라에서 형성되고 발전한 『초사(楚辭)』의 대표적인 작가로 초나라 특유의 색채를 담은 낭만적인 시풍을 확립시켰다.

『몽구(蒙求)』 : 당나라 때 학자 이한(李瀚)이 지은 문자교육용 아동 교재이다. 8자(字)를 한 구(句)로 하여 중국 역대의 뛰어난 인물과 그 행적을 소개하는 형식으로 구성되어 있다.

허전의 맑은 호수는 넓은 마을을 안듯이 감싸며 한가함을 만들고 혼자 배를 띄워 논다. 둑 위의 단풍나무가 잎을 날리기 시작한 것은 살며시 다가와 가을을 알리는 것일까, 호수 위에 낚싯대를 드리우고 있는 어부는 특히 갈매기와 정이든 것일까, 그의 곁을 갈매기가 날며 돈다.

호수 위는 바람도 없이 조용하고, 하늘 저쪽 노을에 비친 지는 해도 점점 엷어지고, 붉게 물든 호수 표면은 주위의 높은 봉우리가 그림자를 떨어뜨려 달도 떠 있다. 이런 호수 위에 배를 띄우고 있으면 적지만 저 어부의 흥에 가까울 것이다. 그러나 채온은 범려가 강호에 배를 띄운 심경을 따르고 싶어한다.

我部鹽居	아부의 소금집
草屋輕烟冲碧空	초가집에서 가벼운 연기가 푸른 하늘로 피어올라
隔峰相望白雲同	봉우리 너머로 바라보니 흰 구름과 하나 되네.
應知煮海成鹽味	바닷물 졸여 소금 만드는 것임을 알겠으니
只在乾坤造化工	단지 이는 자연의 조화로운 솜씨라네.

▪ 아부염거我部鹽居 : 오키나와 본섬 북부, 서해안 지선• 옥아지도屋我地島의 남서부에 위치하며, 남쪽은 우지내해羽地內海, 서쪽은 운천수도運天水道(후루미해협)를 낀 본부반도에 면해 있다. 원래는 금귀인今歸仁 간절間切 용천湧川의 하아부下我部였는데, 채온의 산림정책에 의해 옥아지도로 옮겼다(1736 · 상경 24). 앞의 원빈垣浜을 중심으로 하는 염전은 유명하며 오키나와의 제염 발상지이다(『角川日本地名大辭典』 47, '오키나와현' 참조). ▪ 건곤乾坤 : 하늘과 땅. ▪ 조화造化 : 만물을 창조하고 기르는 것.

지선(地先) : 일본어로 지사키라고 하며, 거주지 또는 경작지와 경계를 접한 야산이나 수면을 말한다.

풀로 지붕을 이은 작은 집에서 가벼운 연기가 푸른 하늘로 곧바로 피어오른다. 봉우리 너머로 그 연기를 보고 있으니, 흰 구름과 하나가 되어 구별할 수 없다.

바닷물을 졸여서 소금을 만드는 것은 대자연의 조화로운 경영의 불가사의한 작용이다.

勘手納曉發	**새벽에 감수납을 떠나며**
桂帆此地離	계수나무 돛을 펼치고 감수납항을 떠나
烟水曉天馳	물안개 자욱한 새벽에 배가 달리네.
興深回首望	홍이 깊어 머리 돌려 바라보니
江山盡是詩	강산이 모두 시라네.

▪ 감수납勘手納 : 가데나이다. 오키나와 본섬 북부 우지내해羽地內海에 면해 있는 항구. "나고시 중미仲尾의 해변을 중심으로 한 항구이므로 일반적으로 중미를 칸티나라고도 한다. 풍광이 밝고 아름다운 우지내해에 임한 해변 일대는 오키나와 해안국가 지정 공원으로 지정되어 있다. 왕부시대에 정물장定物藏이 설치되어 우지간절羽地間切의 공납미를 저장했는데 주로 사츠마에 공납미를 반출했다. 관리가 상주했으며, 배나 사람의 출입으로 시끌벅적했다고 한다"(『角川日本地名大辭典』 47 '오키나와현' 참조). ▪ 계범桂帆 : '계주桂舟'와 같은 말로 계수나무로 만든 아름다운 배. 이와 비슷한 단어로 '계도桂棹' · '계즙桂楫' · '계도桂櫂' 등이 있다.

아름다운 배에 돛을 달고, 새벽에 감수납항을 떠나 아침 안개 자욱한 새벽 바다를 배가 달린다.

홍이 점점 깊어져 내해로부터 주위를 둘러본다. 그러자 이 우지의 내해도 그것을 감싼 산과 섬도 모두 시 아닌 것이 없다.

宇慶田津	우경전의 나루
不信人間生此泉	인간 세상에 이런 샘물 있다니 믿기 어려워
今朝我誠泛輕船	오늘 아침 나는 작은 배를 띄워 왔네.
果然湧出甘如醴	과연 단술 같은 샘물이 솟아나오니
疑是江中別有天	이곳은 강 속의 별세계인 듯하네.

▪ 우경전宇慶田 : 이것도 우지내해에 면해 있는 항구. ▪ 인간人間 : 인간 세상. 속세간. 결구의 '별유천別有天'과 함께 '다른 세계로 인간 속세가 아니다(別有天地非人間)(이백, 「산중문답山中問答」)라는 구절이 있다. ▪ 감례甘醴 : 감주, 단술.

이와 같이 멋진 샘물이 이 속세에 정말로 있다는 것이 믿기 어려워 시인은 오늘 아침 작은 배를 띄워서 여기에 왔다.

과연 단술 같은 샘물이 솟아 나오고 있으니 이곳은 마치 별세계가 아닐까 하고 의심할 정도이다.

大榮河志感	대영하에서 느낌을 적다
獨立榮河古渡頭	홀로 대영하 옛 나루터에 서니
秋楓晩色映波流	가을 단풍과 저녁놀이 냇물에 비춰 흘러가네.
請看逝者皆如是	보라, 가는 것은 모두 이와 같이
日夜寒聲不暫留	밤낮으로 차가운 소리를 내며 잠시도 머무름이 없네.

▪ 대영하大榮河 : 대정천大井川인 듯하다. 오키나와 본부반도의 최고봉 팔중악八重岳에서 근원하여 북쪽으로 흘러서 금귀인今歸仁의 중종근仲宗根

후나다마리(船溜り) : 선박들이 풍파를 피하기 위하여 정박하는 곳이다.

에서 바다로 들어간다. 하류의 하미구무이ハミグムイ로 이전에는 산원선山原船의 후나다마리●로 이용되었다. 또 하구河口의 거항炬港(타이항구)은 태풍 때 피난하는 항구이다. 지금은 토사가 덮여 항구로서의 기능은 없어졌다(『角川日本地名大辭典』 47 '오키나와현' 참조). ▪ 도두渡頭 : 나루터 머리. ▪ 서자개여시逝者皆如是 : 결구의 "일야한성불잠유日夜寒聲不暫留"와 함께 "공자가 시냇가에서, 가는 것은 모두 이와 같구나. 밤낮없이 흘러 쉼이 없구나(子在川上曰, 逝者如斯夫! 不舍晝夜. 『논어』 「자한」)"를 근거로 한 것이다.

대정천의 옛 나루터 가에 혼자 멈춰 서니 물든 단풍잎과 석양이 파문을 그리며 흐르는 냇물에 비춰 아름답다.

보라, 지나가는 것은 이 냇물이 흘러가는 것과 같이 낮에도 밤에도 차갑게 흐르는 소리를 내며 잠시도 머무름이 없다.

試親川泉煮茶	**시험 삼아 친천의 샘물로 차를 달이다**
親川舊是湧甘泉	친천은 옛날부터 감천이 솟아나
清味試開陸羽筵	맑은 물맛 시험 삼아 육우의 자리를 열었네.
七碗頻傾香不散	일곱 잔이나 마셔도 향기는 흩어지지 않고
風生兩腋趣如仙	바람이 양쪽 겨드랑이에 불어 신선이 된 듯하다.

▪ 친천천親川泉 : 오키나와 본부 반도에 붙은 우지내해에 면해 있는 친천. '서쪽은 나고 지구대地溝帶 특유의 낮은 구릉으로 크고 작은 골짜기가 깎여 있고, 특히 북쪽의 골짜기 사이에 오래된 집락이 있다. 구릉의 산기슭에 일찍이 주민의 음용수가 된 우에가ウェーガー라고 하는 샘물이

있었으므로 이 샘물에서 지명을 가져왔다. 구릉 위에는 우지성적羽地城跡이 있다'(『角川日本地名大辭典』 47 '오키나와현'). ■ 육우陸羽(733~804) : 당나라 시대의 인물로 『다경茶經』을 저술하여 차의 기원・역사・제법・음용・사용하는 물의 좋고 나쁨 등 차에 관한 체계적인 설명을 전개하였다.

친천은 옛날부터 감천이 솟아나는 곳으로 그 맑고 맑은 물을 길러 차의 자리로 가져 왔다.

몇 잔이나 마셔도 차의 향기는 조금도 변함이 없고 상쾌한 바람이 양쪽 겨드랑이로 들어와 신선이라도 된 느낌이다.

戱馬臺卽興	**희마대 즉흥**
戱馬臺前會萬人	희마대 앞에는 만여 명이나 모였고
西風吹起馬蹄塵	가을바람이 부니 말발굽에서 먼지가 일어난다.
群英從此決勝負	승부를 결정지으려는 여러 영웅들
恍似楚王破大秦	마치 초왕이 진나라를 격파하는 듯하네.

■ 희마대戱馬臺 : 금귀인촌今歸仁村 상원마장上原馬場의 경마를 관람하는 대. ■ 마제진馬蹄塵 : 말이 발로 차서 일으키는 먼지. '마족진馬足塵'이라는 용례는 시에 많은 것 같다. ■ 초왕파대진楚王破大秦 : 초왕은 유방과 패권을 다투다 패한 항우이다. 그 보다 앞서 진나라 군대를 격파하고 진나라 왕자를 살해하고 함양을 불태웠다.

마장에는 경마를 보려고 만여 명이 모여 있고 가을바람이 불어 말발굽에 채여 흩어지는 모래먼지가 자욱이 일어난다.

선발된 용맹한 말들이 승부를 결정지으려 하는데 그 투지에 불타는 모습은 초나라 항우가 진나라를 격파할 때도 필시 이런 모습이었을 것이라고 생각할 정도이다.

勝宇嶽	승우악
雲峯揷漢勢崢嶸	구름 낀 봉우리 하늘 찌를 듯 솟아 있고
兒女猶傳勝宇名	아이들도 승우악이라 이름을 전하네.
幽境殊多麋鹿走	그윽하고 아름다운 곳, 순록과 사슴이 뛰어다니고
層巒更觀鳳凰翔	겹겹의 봉우리 다시 보니 봉황이 나네.
老松不改三春色	늙은 소나무 봄의 푸른색을 바꾸지 않고
深壑常聞萬歲聲	깊은 골짝에는 항상 만년의 소리 들리네.
應識當今明主世	응당 알겠다, 지금 밝은 왕의 세상에는
五風十雨海天淸	날씨도 순조롭고 세상도 맑은 것을.

▪ 승우악勝宇嶽 : 이 산도 오키나와 본부반도에 있다. 나고시 서북단의 명산으로 본부정本部町과 경계를 이룬다. 표고 451m이다. 팔중악八重岳・안화악安和岳과 이어지는 곳으로 현재는 그 전체가 자연보호구역으로 지정되었다. ▪ 삽한揷漢 : 하늘을 찌를 듯 솟아 있음. ▪ 쟁영崢嶸 : 높이 솟아 있음. ▪ 미록麋鹿 : 순록과 사슴. ▪ 봉황鳳凰 : 상상의 새로 경사스러움을 나타내는 새. 여기서는 구체적인 새의 이름은 분명하지 않지만 모습이 아름다운 산새를 의미. ▪ 층만層巒 : 여러 겹으로 겹쳐져 이어져 있는 산들. ▪ 삼춘三春 : 맹춘孟春(음력 정월)・중춘仲春(2월)・계춘季春(3월)의 봄 석 달을 말한다. '석 달 봄의 행락, 누가 곁에 있을

까.'(유희이劉希夷,「흰머리를 슬퍼하는 노인을 대신하여代悲白頭翁」) ▪ 오풍십우五風十雨 : 기후의 순조로움으로 5일에 한 번 바람이 불고, 10일에 한 번 비가 내림.

구름 낀 봉우리는 하늘을 찌를 듯 솟아 있고, 그 산의 이름이 승우악인 것은 옛날부터 아이들도 알고 있다. 조용하고 깊고 깊은 삼림에는 경치가 뛰어난 곳이 많아 사슴이나 그 외의 동물들이 여기저기 뛰어다니고 여러 겹으로 이어져 있는 봉우리에는 아름다운 산새가 날아다니는 것이 보인다.

세월을 지나온 큰 소나무는 봄의 색을 바꾸지 않고 깊은 골짝에는 항상 만년의 소리가 들린다. 이와 같은 자연의 광경은 지금 세상이 현명한 왕의 치세이고, 왕의 덕에 의해 날씨도 순조로워 나라도 잘 다스려지고 있음을 나타내고 있는 듯하다.

이상 소개한 채온의 시 9수는 『유구문전琉球文傳』에서 가져온 것이다. 『유구문전』은 제2대 오키나와 현령 우에스기 모치노리(1881~1883 재직)•의 손자 우에스기 타카노리上杉隆憲(1917~1995) 씨가 소장하고 있는 초본抄本으로 오키나와 국제대학 남도문화연구소에 그 복사본이 있다. 『오키나와현 자료沖繩縣資料』 근대 4-우에스기 현령 오키나와 관계 자료 近代四-上杉縣令 沖繩關係資料(1983)에 수록되어 있다. 여기서는 그 두 가지를 참고했다. 채온에게는 『담원시문집澹園詩文集』이라는 작품집이 있는데 지금은 전해지지 않는다. 그의 시는 오키나와 관계 연구서에 흩어져 보이는데

우에스기 모치노리(上杉茂憲, 1844~1919) : 데와노쿠니(出羽國) 요네자와한(米澤藩, 현재 야마가타현 동남부 오키타마 지방) 최후의 번주(13대)이다. 유신 후에 정2품의 백작(伯爵)이 되었고, 오키나와 현령이 되었다. 또한 귀족원 백작 의원과 시종 등을 역임했다. 5년간 영국에 유학했다.

시마부쿠로 젠빠츠(島袋全發, 1888~1953) : 오키나와 연구자이면서 가인(歌人)이다. 오키나와 나하 니시무라(西村)에서 태어났다. 교토대학 법학부를 졸업하고 신문기자와 교사를 역임하고 현립도서관장을 지냈다. 1923년 오키나와 향토연구회를 조직했다. 저서에 『나하변천기(那覇変遷記)』가 있다.

그것들을 전부 합해도 20수 전후에 지나지 않는다. 따라서 9수나 그의 작품을 수록하고 있는 『유구문전』은 채온의 시 연구에서 귀중한 자료라고 말할 수 있다. 그러므로 그 전체를 소개했다.

『담원시문집』의 내용을 대략적으로나마 엿볼 수 있는 것은 시마부쿠로 젠빠츠•의 『채온연보』(『島袋全發著作集』 소재)이다. 여기에는 「담원즉흥澹園卽興」, 「전립택에서의 감회鴫立澤志感」 등 5수의 시 외에 33수의 제목이 있다. 이 제목을 보면, 『유구문전』 소재의 9수를 포함한 시집이 확실히 존재했던 것을 알 수 있다. 또 채온의 가보에는 섭정攝政 가희공家熙公의 물외루를 노래한 「물외루를 다시 노래함再題物外樓」 4수가 있고, 히가시온나 칸준東恩納寬惇의 『식장록植杖錄』(『東恩納寬惇全集』 5)에는 「하늘 끝에서 말을 타고 있는 사람天涯馬上人」이라는 제목의 시 1편이 있다. 다만 이 시의 원래 제목은 「나루를 묻다問津」이다. 서보광(1719년의 책봉사)의 『중산전신록中山傳信錄』에 있는 「중산증송시문中山贈送詩文」에도 5언 율시 두 수가 있다.

채온의 시에 대해서는 종래 그다지 높게 평가되지 않았다. 남아 있는 작품이 적어서 그 문학적 자리매김이 곤란하다는 사정도 있지만 지금 볼 수 있는 작품만이라도 다시 읽고, 다시 검토하여 문학 작품으로서의 가치에 대해서 음미해 보아야 할 것이다. 다음에는 『유구문전』 이외의 자료에서 몇 수의 작품을 소개해 두고자 한다.

澹園卽興	담원즉흥
家在赤平松嶺麓	집은 적평촌 소나무 고개 기슭에 있고
纔過松嶺卽園林	소나무 고개 조금 지나면 곧 원림이라네.
門依綠竹堂依水	문에는 푸른 대나무, 당에는 냇물
徑結青苔樹結蔭	좁은 길엔 푸른 이끼, 나무는 그늘을 만드네.
向戶庭花交盡美	문을 향해 핀 정원의 꽃은 아름다움을 자랑하고
綾枝山鳥各成吟	아름다운 나뭇가지에는 산새가 지저귄다.
幽樓無事惟如此	그윽한 누각 한가로움 오직 이와 같은데
更難誰人謝古今	더욱 어렵구나, 누군가 변함없이 주신 은혜 어떻게 갚을지.

▪ 담원澹園 : 채온의 맏아들 익翼과 상경왕의 장녀 사진학금思眞鶴金과의 혼례가 정해진 것은 채온 47세(1728) 때이다. 다음 해에 채온 집이 매우 좁다며 수리의 적평촌赤平村에 집을 하사했다. 그 집이 완성되어 옮겨 살면서 채온은 이를 담원이라고 명명하고 가호家號로 했다. ▪ 적평赤平 : "오키나와 본섬 수리의 대지臺地 북쪽을 대략 동서로 달리는 호리산虎瀨山의 남쪽 기슭에 위치한다. 지형은 지내地內 남부를 서쪽으로 흐르는 강을 향해서 완만하게 뻗어 있다. 거의 중앙부를 서쪽에서 동쪽으로 관통하는 언덕으로 통해 있다"고 한다(『角川日本地名大辭典』 47 '오키나와현'). ▪ 송령松嶺 : 서보광이 담원을 노래한 시에 "담원 한 구비 왕성에 기대어 있고, 내려주신 저택 의연하게 온 집이 밝네. 소나무 봉우리 얼마 지나지 않아 통하는 거친 지름길, 초정草亭은 아직 완성되지 않았는데 벌써 이름 붙였네"라고 했다. ▪ 수인사고금誰人謝古今 : 고금의 의미를 어떻게 해석할까. 어렵지만 가보에 의하면 장자 익翼의 혼례 때에 집을 하사받기 이전에도 쿠메무라에서는 정무를 보기 불편하다고 말하며 수리에 집을 내려주었다. 1713년(상경

1) 채온32세 때이다. 이 기사의 주에 "그 집은 서평등西平等 적평촌에 있는데 앞에는 큰 길이 있고 뒤에는 산림에 기대어 있다"고 했다. 이것과 그 보다 6년 뒤의 책봉사 서보광의 '적평'에 대한 주를 합해서 보면, 이 대지 내에 아들 익의 집을 새로 지어주었다고 보아야 할 것이다. 이렇게 옛날부터 지금에 이르기까지 변함없이 총애를 내려준 왕의 은혜에 어떻게 감사의 뜻을 드러내면 좋을지 모르겠다는 의미로 해석된다.

새로 주신 익의 집은 적평촌 소나무 고개 기슭에 있고, 소나무 고개를 조금 지나면 곧 채온의 작은 집이 있는 원림이다. 문에는 푸른 대나무가 심어져 있고, 건물 곁을 냇물이 흐르며, 대지 내의 작은 길에는 푸른 이끼가 무성한 나무들이 푸른 그늘을 만든다.

정원에는 다양한 꽃이 만발하고 아름다운 가지의 나무에선 새가 지저귄다. 조용한 주택의 아무 일도 없는 한가로운 모습은 보는 대로, 부모와 자식에게 이런 훌륭한 대지와 집을 내려주신 이 높은 은혜에 어떻게 보답해야 좋을까. 감사한 마음을 담고 있다.

問津	**나루를 묻다**
天涯馬上人	하늘 끝에서 말을 타고 있는 사람
相見卽傷神	만나니 그리움에 마음이 아프네.
郊野頻穿雨	들판에 자주 비가 내리고
江村遍問津	강촌에서 두루 나루를 묻네.
離家同作客	집을 떠나 똑같이 나그네 되어
回首共思親	머리 돌려 함께 어버이를 생각하네.

握手談心事	손을 잡고 마음을 나누며
笑吾馳世塵	내가 세속 일로 분주함에 웃네.

■ 문진問津 : '자로를 시켜 나루를 물었다'(『논어』「미자」)는 유명한 에피소드가 있다. 히가시온나 칸준은 이 작품을 해설하고 다음과 같이 말하고 있다. '이 시는 선생이 우지천의 개수改修 공사를 감독하고 있던 때, 말 위에서 호우를 만나 급히 달리며 지인을 만났을 때 읊은 것이다. 공자가 여러 나라를 주유하면서 길을 잃자 자로를 시켜 나루를 물었을 때, '노나라 공구孔丘는 일 년 내내 돌아다니므로 건너는 장소를 알고 있을 것이다'라고 은자隱者에게 거절당한 일이 있었다. 「나루를 묻다」는 1구에서 채온이 절실히 바라는 것을 알 수 있다.'(「植杖錄5」, 『東恩納寬惇全集』) ■ 천애天涯 : 하늘의 끝. 매우 먼 곳. ■ 세진世塵 : 세상의 속된 일. 세상 속의 귀찮음을 티끌에 비유한 말.

오키나와 북쪽 끝에 있는 산원●을 말을 타고 여행할 때, 여기에서 또한 말을 타고 있는 아는 사람을 만나니 그리움에 마음이 아플 정도이다. 들판에는 자주 비가 내리는데, 그 속에서 상대는 여기저기 건너는 곳을 찾아 걷고 있다고 말한다.

산원(山原) : 오키나와 말로 '얀바루'라고 하며, 오키나와 본섬 북부 일대의 통칭이기도 하다.

집을 떠나 똑같이 멀리 북부의 나그네가 된 두 사람은 머리 돌려 수리 쪽을 바라보며 어버이와 친지들과의 일을 생각한다. 서로 손을 맞잡고 각자의 마음을 나누며, 시인이 세속의 일로 분주해 하는 모습에 웃었다.

4

채탁蔡鐸

(사이타쿠, 1644~1724)

채탁은 근세 쿠메무라 형성에 공헌하고 『역대보안歷代寶案』과 『중산세보』 등을 편집한 인물로 채온의 아버지이며, 지다백 친방志多伯親方이다. 어릴 적 이름은 사덕思德이고, 자는 천장天將이며, 호는 성정聲亭이다. 양택민梁澤民 수리금성 친운상首里金城親雲上의 장자로 태어났으나 8세 때 정의대부 채금蔡錦 도복 친운상稻福親雲上의 양자가 되어 그의 집안을 이었다. 1663년(상질 16) 20세에 통사가 되었고, 23세 때 면학을 위해 중국에 건너갔는데 병이 들어 같은 해 귀국했다. 24세에 한자필자漢字筆者가 되었다. 이후 1691년 신구좌申口座에 임명되었고, 다음 해 정월 27일 총리당영사(쿠메무라 총역)에 선발되어 1713년까지 22년간 근무했다(『沖繩大百科事典』 沖繩タイムス社).

『채씨가보蔡氏家譜』에 의하면 채탁의 아내인 섭씨 진오서葉氏 眞吳瑞는 16세에 시집와서 20세에 장녀, 22세에 차녀(요절)를 낳고, 그 뒤 10여 년 동안 아이를 낳지 못했다. 당시는 유교 도덕에 의해 집안의 대를 이을 사내아이를 낳지 못하면 선조의 제사가 끊어진다고 하여 불효라고 생각했다. 즉 중세에 아내를 내쫓을 수 있는 이유가 되는 일곱 가지 허물을 '칠거七去'라고 했는데, 아들을 낳지 못하는 것은 부모에게 순종하지 않는 것에 이어 두 번째 항목으로 놓여 있다. 진오서는 남편에게 측실을 구해서 아들을 낳을 것을 권했다. 아내의 강청에 의해 지다백촌志多伯村 신곡神谷 축등지 친운상●의 딸 진다만眞多滿을 측실로 맞았다. 얼마 되지 않아 진다만은 아들을 낳았으니 이 아이가 연淵이다. 그런데 사람의 운은 불가사의한 것으로 다음 해 본처인 진오서도 아들 온溫을 낳았다. 당시의 관습에서는 측

축등지 친운상(筑登之親雲上) : 종7품의 위계(位階)이다.

실이 낳은 아들은 적자가 될 수 없었다. 채탁도 관례에 따라 본처가 낳은 아들 온을 적자로 하고 연을 차자로 하였다. 그러나 본처인 진오서는 이에 대해 강하게 반대했다. '집안의 대를 잇지 못할까 하는 두려움이 있어서 측실을 구하여 연이 태어났으므로 이는 하늘이 주신 것이다', '측실의 아들이 있는 데도 본처의 아들과 구별해서는 안 된다', '연을 적자로 해야 한다' 말하고 온과 똑같이 기르고 교육했다. 처음 채탁은 좀처럼 받아들이지 않았는데 진오서가 강하게 원하므로 끝내는 연을 적자로 하고 온을 차자로 했다. 그러나 후세 사람이 측실의 아들이 적자의 자리를 빼앗았다고 나무랄까 두려워서 그 오해를 풀기 위해 이 일을 상세히 기록한다고 채온은 그의 가보에 서술하고 있다.

1688년(상정 20) 진공정의대부로서 중국에 갔는데 이때 복주에서 언청이 치료를 하는 의사 황회우黃會友의 기술을 보고 증익曾益·위응백魏應伯·모기룡毛起龍 등과 함께 돈을 각출하여 동행한 부통사 위사철魏士哲을 입문시켜 치료술을 배우게 했다. 위사철은 그 기술을 잘 습득하여 귀국해서 상정왕의 세손으로 뒤에 왕이 되는 상익의 언청이를 치료했다.

채탁은 시인으로도 알려졌는데 그의 시집인 『관광당유초觀光堂遊艸』는 『중산시문집』에 수록되어 있다. 이 시집은 복주에서 북경까지의 왕복에서 제재를 취했으므로 아마도 1688년의 진공 여행이 그 무대가 되었다고 생각된다. 수록 작품은 30수로 그렇게 많지는 않다. 제제 역시 앞에서 본 정순칙의 「설당연유초」와 거의 겹치는 것은 그 여행의 성격상 어쩔 수 없는 점이 있다. 그렇지만 정순칙이나 그 외의 시인들과 그의 시의 여러 요소를 비교해가면서 감상하는 즐거움을 맛볼 수 있다. 아래에 소개하는 작품은 모두 『관광당유초』에 수록되어 있는 것이다.

瓊河發棹留別閩中諸子	**경하에서 배를 타고 민 지역 사람들과 작별하다**
裘馬如雲送客船	멋진 차림의 관리들 구름같이 모여 나그네 배를 배웅하니
簡書遙捧出閩天	황제께 바칠 상주문을 받들고 복주를 떠나네.
驪歌古驛三杯酒	오래된 선착장 송별 노래 부르며 석 잔 술을 마시고
帆挂空江五月烟	빈 강에 돛을 올리고 5월의 안개 속으로 떠간다.
別淚已隨流水去	석별의 눈물은 강물 되어 흘러가지만
離情不斷遠山連	이별의 정은 먼 산이 이어진 것처럼 끊어지지 않네.
故人若憶西窓話	옛사람이 서창의 이야기를 추억하듯이
極目燕臺路八千	먼 곳 북경을 끝없이 바라보네.

■ 경하瓊河 : 정순칙의 항목에서 이미 나왔다. 정순칙, 「경하에서 배를 타고」(42쪽) 참조 ■ 민중제자閩中諸子 : 복주에 있는 친구들이다. 유구관에 머무는 동료라고 하면 중국인 사우師友도 있을 것이다. ■ 구마裘馬 : 거마車馬와 의구衣裘를 줄인 말. 차, 말, 옷, 외투 등으로 부유한 생활을 상징. 여기서는 멋진 차림의 관리들이다. ■ 간서簡書 : 문서. 진공사가 가져가는 상표문上表文이나 상주문上奏文. ■ 여가驪歌 : 송별할 때 부르는 노래. ■ 서창화西窓話 : 당나라 시인 이상은이 사천성에서 북방 장안에 있는 아내를 생각하여 시를 보낸 이야기. '그대가 돌아올 날을 물었건만 기약할 수 없구려, 파산에 밤비 내려 가을 못에 가득하오. 언제쯤 서창에서 함께 촛불 심지 자르며, 파산의 밤비 오던 때를 다시 이야기할지'(「비오는 밤 북쪽 장안에 부침夜雨寄北」) ■ 극목極目 : 저 멀리 보이는, 눈으로 볼 수 있는 한계. ■ 연대燕臺 : 연

나라 소왕昭王이 대를 쌓고 현자賢者를 초대했다는 고사로, 군주에게 초대되어 우대받는 것을 말한다. 여기서는 2구의 민천閩天(복건)과 대비해서 북경에 있는 하북성 주변을 말한 것이다. ▪ 팔천八千 : 먼 곳의 비유.

멋진 옷차림을 한 고위고관과 동료들이 구름처럼 모여 북경으로 가는 우리 배를 배웅하고, 우리는 황제에게 드릴 문서를 받들고 복건에서 여행길에 올랐다. 오래된 선착장에서 이별의 노래를 부르며 이별의 잔을 건네고 돛을 올려 5월의 안개 속에 민강을 떠간다.

석별의 눈물은 강물 되어 흘러가겠지만 이별의 정은 산이 이어진 것처럼 끊어지지 않는다. 옛날 이상은은 파산巴山의 밤비를 서로 이야기할 날이 언제일지 모르겠다고 말했는데, 시인들도 언제 또 복건에 돌아와 친한 사람들과 재회할까. 지금부터 가는 북경 주변을 눈으로 볼 수 있는 한 멀리까지 끝없이 바라본다.

烟關夜泊	**연관에서 밤에 배를 정박하며**
今夜烟關泊	오늘 밤 연관에 머무노니
其如孤客何	나그네의 고독을 어찌할까.
飛烟帆影亂	날리는 안개 속에 돛 그림자 어지러이 흔들리고
明月水聲多	달빛 아래 파도 소리만 많구나.
鳥倦投青嶂	새는 피곤에 지쳐 푸른 산속으로 날아들고
江空見碧波	강은 텅 비어 푸른 파도만 보이네.
太平舟楫穩	배를 정박하니 태평하여
杯酒聽漁歌	술을 마시며 어부의 노래를 듣네.

■ 연㴞 : 연淵의 옛글자. ■ 연관㴞關 : 복주에서 민강을 거슬러 올라가면 멀지 않은 곳에 있다고 생각되지만 구체적으로 어디 근처인지 알 수 없다. ■ 어가漁歌 : 어부의 노래. 고기 잡는 사람의 노래.

오늘 밤 진공사 일행 15명에서 20명 정도의 배는 연관에 정박하기로 하였는데 벌써 여행의 근심이 몰려와 어찌 할 수가 없다. 저녁 안개 속에 돛이 흔들리고 달빛 아래 파도 소리만 많다.

새는 피곤에 지쳐 산의 둥지로 돌아가고, 인기척도 없는 냇가에는 너울만 넘실거린다. 아무 일도 없는 평온함에 배를 냇가에 정박해두고, 진공사 일행은 술을 주고받으며 어부의 노래를 듣는다.

遊西湖	**서호에서 놀다**(2수 중 제1수)
曾傳西子湖中勝	일찍이 서호의 경승지를 전해 듣고
今日來遊見所聞	오늘 와서 그 경치를 보네.
滿地寒梅和靖骨	땅에 가득한 한매는 임포의 뼈이고
經霜古樹岳王墳	세월을 겪은 오래된 나무는 악비의 무덤이라네.
六橋楊柳披殘照	육교의 버들은 석양빛을 헤치는 듯
三竺淸鍾濕暮雲	삼축의 맑은 종소리는 저물녘 구름에 젖어드네.
水氣年年香不散	물 기운에도 매년 향기는 흩어지지 않아
青衫泛艇自氤氲	푸른 적삼 입고 배 띄우니 절로 향기가 감도네.

■ 서호西湖 : 절강성 항현에 있다. 서자호西子湖 · 전당호錢塘湖 · 명성호明聖湖라고도 부르며 명승지로 알려져 있다. ■ 화정골和靖骨 : 송나라 임화정林和靖, 林逋이 서호의 고산에 초가집을 짓고 20년간 도시에 나가지 않고,

악비(岳飛, 1103~1142) : 남송 초기의 장군으로 여진족이 세운 금나라에 대항해 싸웠다. 금나라와의 화친을 주장하는 이 상파와의 대립으로 투옥되기도 했으나 후에 누명을 풀고 구국의 영웅으로 추대되었다. 1204년에는 악왕(鄂王)으로 추존되었다.

진회(秦檜, 1090~1155) : 남송의 재상이다. 금나라와 화평을 진행하고 강화를 주창하였다. 그 과정에서 주전파인 악비와 한세충 같은 군벌을 탄압했고, 그 뒤에도 스스로의 권력 유지를 위해 공포정치를 했기 때문에 후세 매국노로 지탄받았다.

스스로의 무덤을 초가집 옆에 만들었으므로 그 부근의 매화는 그의 뼈가 변화한 것이라고 하였다(정순칙, 「임화정 선생의 묘소를 참배하다」(65쪽)의 시와 주석 참조). ▪ 악왕분岳王墳 : 송나라 유신遺臣 악비●의 무덤도 서호 근처에 있다. 금나라 군대와 싸워서 자주 무찔렀지만 진회● 무리에 의해 체포되어 옥중에서 죽었다. 명나라가 들어선 뒤에 그의 지위를 회복시켜 사당이 건립되었다. ▪ 육교六橋 : 서호에는 2개의 이른바 육교가 있다. 하나는 소동파가 소제蘇堤에 만든 것이다. 다른 하나는 서호의 이호裏湖에 명나라 양맹영楊孟瑛이 만든 것이다. 지금은 전자前者로 한다. ▪ 삼축三竺 : 서호의 서쪽 연안 영은사 남쪽에 비래봉을 끼고 하천축과 중천축이 있고, 그로부터 다시 천축산을 향해 남쪽으로 내려온 곳에 상천축이 있다. ▪ 인온氤氳 : 향기로운 향기의 형용.

이전부터 서호의 경승지에 대해 전해 들었는데, 오늘 여기에 와서 실제 그 경치를 보게 되었다. 호숫가 가득 핀 한매는 임포의 뼈가 변한 것이고, 세월을 겪은 오래된 나무가 빽빽한 주변은 악비의 무덤이 있는 곳이다.

소제에 걸쳐 있는 아름다운 육교는 버들에 가려져 석양 속에 있고, 해질녘의 젖은 구름 속에서 삼축의 맑은 종소리가 들려온다. 호수와 호숫가 그리고 삼축 등의 주변을 매년 적시는 비에도 매화 향기는 흩어지지 않아, 홑옷을 입고 배를 띄우면 분분한 매화 향기가 감돌아온다.

遊西湖	서호에서 놀다(2수 중 제2수)
淸風輕艇泛西湖	맑은 바람에 가벼운 배는 서호에 떠 있고
湖上人呼酒再沽	호수 위 사람은 술파는 사람을 다시 부르네.
十里柳堤雙槳曲	십 리 버들 둑엔 뱃노래가 들리고
半波僧語一鐘孤	물결 따라 간간이 들리는 승려의 염불 소리와 절의 종소리 외롭네.
古今過客多詞賦	고금의 나그네 많은 시를 남겼고
花鳥逢春見畵圖	꽃과 새들이 봄을 맞으니 그림을 보는 듯하네.
放鶴庭前梅未老	학을 놓아준 뜰 앞의 매화는 늙지 않아
好題新句弔林逋	좋아하는 주제로 시를 지어 임포를 조문하네.

■ 쌍장곡雙漿曲 : 장은 장槳의 오기. 쌍장雙槳은 두 개의 상앗대인데 여기에 곡자가 붙었으므로 뱃노래라는 의미. ■ 방학정放鶴庭 : 학과 매화를 사랑했던 임화정의 오두막 뜰(정순칙, 「임화정 선생의 묘소를 참배하다」(65쪽)의 '임화정' 주석 참조). ■ 임포林逋 : 임화정을 말함.

맑은 바람에 작은 배를 서호에 띄우니, 호수 위에서는 흥에 겨워 술파는 사람을 두 번이나 불렀다. 길게 이어진 버들 제방의 부근에서 뱃노래가 들려오고, 물결에 따라 끊어졌다 이어지는 승려들의 염불 소리가 들리고 절의 종이 울린다.

옛날부터 이곳 서호의 경승지에는 많은 나그네가 와서 시를 남겼고, 꽃과 새들이 봄을 맞은 모습은 그림을 보는 듯하다. 임포가 학을 놓은 정원에는 그가 사랑한 매화가 지금도 늙지 않고 그윽한 향기를 내고, 나그네들은 각기 좋아하는 새로운 시를 지어 임포를 조문한다.

遊江天寺	**강천사에서 놀다**
金山四面鎖淸江	금산사는 사방으로 푸른 강물에 갇혔고
碧漢虛懸過客艭	나그네 배는 푸른 하늘에 덩그러니 걸렸네.
烟雨長飛仙子閣	안개비가 선자각에 길게 날리고
溪雲時繞法王幢	계곡의 구름은 절의 깃발을 때때로 감싸네.
疎林孤磬凌空響	성근 숲 사이로 외로운 경쇠 소리 허공에 울리고
斜日輕鷗映水雙	지는 해에 가볍게 나는 갈매기 물에 비치네.
睿藻留題堪不朽	황제가 지은 훌륭한 시가 남아 있어
夜深讀罷剔銀釭	밤늦게까지 읽으며 등불 심지를 자른다.

▪ 강천사江天寺 : 강소성 진강시에 있다. 양자강의 가운데에 우뚝 서서 그 건물과 자연의 풍광이 잘 조화되어 독특한 경관을 형성하여 예로부터 많은 문인들이 노닌다. 원래 이름은 택심사澤心寺 · 용유사龍遊寺라고 불렸는데 청대 강희제가 노닐면서 강천선사江天禪寺라는 이름을 내렸다. ▪ 금산金山 : 금산사金山寺. 강천사의 통칭. ▪ 선자각仙子閣 : 금산사의 아름다운 누각을 마치 신선이 사는 곳과 같다고 말한 것이다. ▪ 법왕당法王幢 : 당은 깃발로 깃발이 달린 창槍이다. 법왕은 부처인데 여기서는 사찰을 말함. ▪ 예조睿藻 : 천자의 뛰어난 시나 문장. 예는 예叡의 옛글자. ▪ 은강銀釭 : 환하게 빛나는 등불. 강은 등잔이나 등불을 말함.

금산은 사방이 양자강의 푸른 물에 둘러싸여 우뚝 솟아 있고, 푸른 하늘이 나그네의 배 위에 끝없이 펼쳐져 있다. 연기처럼 내리는 비가 몇 층으로 겹쳐 마치 신선이 사는 곳과 같은 누각을 감싸고, 계곡에서 피어오르는 구름은 경내에 서 있는 깃발을 감싸며 흐른다.

성근 숲 사이로 맑은 경쇠 소리가 울리고, 지는 해를 따르는 갈매기의 두 날개 그림자가 수면에 비친다. 금산사에는 어제御製를 비롯한 많은 시인의 좋은 작품이 남아 있어, 그 작품들을 밤늦게까지 읽으며 등불의 심지를 자른다.

西湖看梅	**서호에서 매화를 보다**
梅有孤山骨	매화는 고산의 뼈로
看來不改芳	볼수록 향기 변함이 없네.
自嫌三楚媚	스스로 초지방의 알랑거림 싫어하니
豈作六朝香	어찌 육조의 향기를 짓겠는가.
月徑浮氷魄	달빛 오솔길엔 차가운 넋 떠 있고
霜天淡曉粧	서리 내린 하늘엔 새벽 엷게 화장한 듯.
橋邊桃柳色	다리 가에 복사꽃과 수양버들은
零落怨蕭郎	마르고 시들어 사내들을 원망하네.

▪ 이 작품은 북경에서 복주로 돌아오는 도중에 지었다. ▪ **고산골**孤山骨 : 매화를 사랑한 임포가 고산 옆에 자신의 무덤을 만들었으므로 이렇게 말한다. “뼈는 묻었지만 이름은 묻지 않았다”(백거이)는 평가도 있다. 그의 몸은 죽어서 뼈를 묻었지만, 그의 이름은 영원히 전해짐을 말한다. ▪ **간래**看來 : 래는 동사에 붙어서 ‘~하면’라는 의미를 드러낸다. 여기에서는 ‘보면’이라는 뜻이다. ▪ **삼초**三楚 : 동초東楚 · 서초西楚 · 남초南楚 세 지방의 이름. 소주와 항주 일대도 이 가운데 포함된다. ▪ **육조향**六朝香 : ‘삼초미三楚媚’와 대구를 이룬다. 육조는 삼국의 오나라 이하 건강●

건강(建康): 중국 남경(南京)의 옛 이름. 서진(西晉)이 오나라의 도읍이었던 건업(建業)을 건강으로 고치고, 서진 멸망 후 318년에 동진(東晉)이 이곳으로 천도하였다. 이후 남조(南朝)의 도읍으로 번성했다.

육유(陸游, 1125~1210): 중국 남송 때의 문인. 사실주의적인 묘사로 당시 유행하던 강서시파의 고상하고 암시적인 시풍과는 다른 시를 써서 명성을 얻었다.

에 도읍했던 여섯 나라를 일컫는다. 문학상으로는 위진부터 남북조를 거쳐 수나라에 이르기까지를 개칭概稱한다. 이 시대의 문체는 동진 시기 즈음부터 문사文詞가 미려美麗함으로 흘렀고, 대구나 성조를 숭상하는 등 표현의 아름다움을 추구했다. ▪ 빙백氷魄 : 매화꽃을 형용한 것. 얼음 같은 살결氷肌, 얼음 같은 혼氷魂 등과 같다. 육유●의 「북쪽 언덕 매화 핀지 이미 오래인데 한 가지가 홀로 꽃을 피우지 못했다. 입춘일에 갑자기 한 가지에 꽃이 피어 장난삼아 시를 쓴다」의 '광한궁廣寒宮 안의 불로장생약이 매화를 치료하여 다시 피게 하였네'가 있다. ▪ 교변橋邊 : 채탁, 「서호에서 놀다」 2수 중 제 1수(111쪽)의 '육교六橋' 주석 참조. ▪ 영락零落 : 초목이 말라 시든 것. 풀이 시든 것을 령零이라 하고, 나무가 시든 것을 락落이라 한다. ▪ 소랑蕭郎 : 남자에 대한 통칭.

여기 서호의 매화에는 고산에 그의 뼈를 묻은 임포의 이름이 따라붙어 영원히 전해지고, 볼수록 그 향기는 옛날과 조금도 변하지 않았다. 매화꽃의 색과 향기는 초지방의 사람들에게 아첨하지도 뽐내지도 않고, 남조의 아름다움을 치장하지도 않는다.

달빛 비치는 작은 길은 하얗고 차가운 넋 같은 매화 그림자가 떠 있고, 서리 내린 겨울 하늘엔 엷게 화장한 듯한 아름다운 색과 향기를 보이고 있다. 서호의 육교 주변에는 복사꽃과 수양버들이 마르고 시들어 나그네들을 원망한다.

曉發蘭溪	새벽에 난계를 떠나다
客舟春曉出蘭溪	나그네 배는 봄날 새벽 난계를 출발하여
極目雲山與水齊	아득히 바라보니 구름과 산이 물과 나란하다.
人語櫓聲江上下	사람 소리 노 젓는 소리 강물에 오르락내리락
還聽楊柳有鶯啼	또 수양버들에서 꾀꼬리 우는 소리 들리네.

▪ 난계蘭溪 : 절강성에 있다. 항주에서 동려桐廬를 거쳐 구주衢州를 향해 가는 도중에 있다. 이 시도 북경에서 돌아오는 도중에 지은 것이다. ▪ 노성櫓聲 : 노는 긴 노. 노를 움직이는 소리.

시인들이 타고 있는 배는 봄날 새벽 난계를 나와 구주를 목표로 해서 출발했다. 아득히 먼 곳을 바라보니 구름과 산이 얽혀 시냇물과 같은 빛이 되어 이어져 있다.

동틀 녘의 시내는 사람 소리와 노 젓는 소리가 강물에 교차하는데 그 목소리와 노 젓는 소리에 섞여 언덕의 버들에서 꾀꼬리 우는 소리가 들린다.

5

증익曾益

(소우에키, 1645~1705)

증익은 쿠메무라 증씨의 6세世로 어릴 적 이름은 가로미加路美였다. 초명은 영태永泰였으나 뒤에 익益으로 고쳤는데, 다시 상익왕尙益王의 이름을 피해 기夔로 고쳤다. 호는 우신虞臣이다. 1663년 19세 때, 채빈蔡彬, 喜友名通事·주국준周國俊, 國吉通事과 셋이서 학문 습례를 위해 복주에 건너가 2년간 머물고 1665년 6월에 귀국했다. 1672년에 진가비 간절 신원 지두직眞嘉比間切新垣地頭職이 되었다가, 1676년에는 포첨 간절 이조 지두직浦添間切伊祖地頭職으로 옮겼다. 1681년에는 장사長史에 임명되었는데 37세였다. 1683년에는 사은도통사로서 상경했고, 1686년에는 정의대부로서 진공했다.

1688년 중국 복주 민에 있던 유구인 수초水梢의 풍씨豊氏 여나령與那嶺이 언청이였는데, 우연히 여행 중에 의사가 이를 치료했고 그 흔적도 남지 않았다. 증익은 동행한 이목관 위응백魏應伯, 1688년에 진공사로 청나라에 갔던 이목관 모기룡毛起龍, 정의대부 채탁蔡鐸과 함께 왕세손 상익의 언청이를 치료해야겠다고 생각하고 북경을 왕복할 때 이 의사를 찾아내어 부통사 위사철魏士哲을 입문시켜 20일간 그 수술법을 전수받게 했다. 이 네 사람은 기뻐서 10냥씩 내고, 위사철도 몇 냥을 내어 의사에게 사례비로 드렸다고 한다. 그리고 귀국한 그해 11월 20일부터 삼일 밤낮으로 상익을 치료했다. 이 모두는 증익 등 다섯 사람의 공로였다.

1683년에는 북곡촌 사변 지두직北谷村砂邊地頭職으로 옮겼고, 1702년에는 자금대부에 올랐다. 향년 57세이다. 그의 시집 『집규당시초執圭堂詩艸』는 『중산시문집』의 왕과 삼사관, 책봉사들의 의례적인 작품 뒤에 사실상의 모두冒頭를 장식하면서 수록되어 있다.

臺江發棹	대강에서 배를 타고
臺江一棹泛淸波	남대강에 돛을 올리고 맑은 파도에 떠가며
北闕遙瞻紫氣多	북경의 궁전 아득히 바라보니 경사스런 기운 가득하네.
自是聖朝饒雨露	지금부터 성조의 은혜 가득한 곳으로 가니
滿舡司唱太平歌	배에 탄 사람들은 태평가를 부르네.

▪ 대강臺江 : 남대강. 민강閩江이 조대산釣台山 아래를 지나는 곳을 남대강이라고 하며, 남대는 무역항으로 조선소가 있었다. 책봉사는 복주로 내려와서 여기에서 배를 만들었다. 여기서 진공사 일행이 북경으로 출항하려고 하는 것이다. 정순칙이나 채탁의 「경하에서 배를 타고瓊河發棹」와 같은 발상이다. 임무를 띠고 여행길에 오르는 사람의 심정으로 출발할 때 마음에 오가는 생각은 비슷할 것이다. ▪ 북궐北闕 : 북쪽에 있는 북경의 궁전. 궐은 궁전의 문이다. ▪ 자기紫氣 : 경사스런 기운. ▪ 우로雨露 : 은혜, 은택. 정순칙, 「경하에서 배를 타고」(42쪽) 시와 주석 참조.

남대강에서 출항하여 맑은 파도에 떠간다. 궁전이 있는 북경 주변을 바라보니 경사스런 기운이 가득하다.

지금부터 성조聖朝의 은혜 가득한 곳으로 가니 배에 탄 사람들은 여행의 안전과 출발의 기쁨을 축하하며 태평가를 부른다.

過黯淡灘	암담탄을 지나며
舟行過黯淡	배는 암담탄을 지나가는데
煙雨滿江間	안개비가 강 가득 내리네.

水急頻回首　　물 흐름 급하여 자주 고개 돌리고
灘高忽改顔　　돌출한 여울에 홀연 얼굴 굳어지네.
臣身輕似葉　　내 몸은 나뭇잎처럼 가벼운 것이지만
君命重如山　　왕명은 산과 같이 무거운 것이라네.
萬里神京逈　　아득한 만 리 먼 길 북경에 가서
何辭更出關　　무슨 말로 사례하고 다시 궐문을 나올까.

■ 암담탄黯淡灘 : 「암담탄」(2수 중 제2수)(43쪽)의 주석 참조. ■ 연우煙雨 : 연기처럼 내리는 비. 두목●의 유명한 시구에, '남조의 사백팔십 사찰, 많고 많은 누대는 안개비 속에 있네'(두목, 「강남춘江南春」)가 있다. ■ 개안改顔 : 긴장하여 표정이 굳어진 것. ■ 신경神京 : 북경을 존칭해서 부른 것. 신은 매우 높이거나 뛰어난 것을 말하는 단어이다. ■ 형逈 : 형迥의 속자.

두목(杜牧, 803~852) : 당나라 말기의 시인이다. 산문에도 뛰어났지만 시에 더 뛰어났으며, 칠언 절구를 특히 잘했다. 작은 두보로 불리며, 화려한 수식과 유장한 리듬을 구사한 시로 유명하다.

배는 민강의 난소難所 중 하나인 암담탄에 다다랐다. 연기 같은 가랑비가 시내에 내려 앞을 보기가 한층 나쁜 상황이다. 물의 흐름이 급해서 배는 상하좌우로 흔들리고, 객은 불안해서 끊임없이 머리를 돌리며, 돌출한 얕은 여울에 충돌할까 긴장하여 얼굴이 굳어진다.

몸은 나뭇잎처럼 가벼운 것이지만, 왕명은 산과 같이 무거운 것이다. 이 몸이 아까운 것이 아니고, 어떻게 해서라도 왕에게 받은 사신의 임무를 완수하지 않으면 안 된다. 황제가 있는 북경은 아득히 멀리 떨어져 있다. 이와 같은 난소가 예컨대 몇 개나 있다고 해도 어찌 이 일을 사양할 수 있겠는가.

過仙霞嶺	선하령을 지나며
南來峻嶺壯雄圖	남쪽으로 뻗어 내린 우뚝한 고개는 웅장하기 그림 같고
雨雪重關嘆客途	비와 눈이 거듭 관문을 막아 나그네 길을 탄식하네.
地接雲霄通百粤	땅은 하늘에 닿아 백월과 통하고
天開鎖鑰控三衢	하늘은 자물쇠 열은 듯 구현衢縣을 당기 듯하네.
層巒草長行人度	겹겹의 봉우리 우거진 풀길 행인들 몇 번이나 지났을까
絶磴烟深鳥道孤	깎아지른 돌길은 안개 짙어 새도 지나가기 어렵네.
遙聽大竿鐘磬早	아득한 대간령의 절에서 아침 종소리 들려오니
千年分水鎭浮屠	옛날부터 선하령을 지키는 절이라네.

▪ 선하령仙霞嶺 : 복건성의 서쪽을 남북으로 달리는 무이산맥武夷山脈의 북쪽, 복건에서 절강으로 들어가는 교통의 요충에 해당하는 험한 고개이다. 진공사는 복주에서 민강을 거슬러 도중에 육로로 선하령을 넘어 절강성으로 들어가서, 그곳에서 육로와 수로를 거쳐 북경에 간다. 정순칙, 「선하령에서 매화를 보다」(72쪽) '선하령仙霞嶺' 주석 참조. ▪ 백월百粤 : 강절江浙·민월閩越의 땅을 월족越族의 거주지로서 백월이라고 한다. 백 개 정도로 많은 소국으로 나누어져 있기 때문에 이렇게 말한다. 어월於越은 절강, 민월은 복건, 양월揚越은 광동, 낙월駱越은 안남安南에 있다. 선하령은 절강과 복건의 경계가 되는 산이므로 문자대로 백월百粤, 百越의 범위 안이라고 말한다. ▪ 쇄약鎖鑰 : 정순칙, 「선하령에서 매화를 보다」(72쪽) '쇄약鎖鑰' 주석 참조. ▪ 삼구三衢 : 절강성 구현衢縣. 복건에서 선하령을 넘어 절강성의 중심인 항주로 향하는 도중의 교통 요충지. ▪ 대간령大竿嶺 : 선하령 중간에 있다. "고개 길이는 20리, 높이는 360급級, 28곡曲이다. 또 남쪽 10리에 대간령, 다시 20리에 소간령이 있

다. 모두 절강과 복건의 중요한 곳으로 나그네는 반드시 이곳을 지나가야 한다"(『讀史方輿紀要』 卷93). ▪ 부도浮屠 : 부도浮圖라고도 말한다. 범어의 음역으로 부처, 불교, 절의 탑 등을 의미한다.

남쪽에서 가면 먼저 험한 선하령의 웅장하고 강한 모습을 접하게 된다. 산에는 차가운 비와 눈이 내리고 관소關所는 몇 개나 있어 나그네는 어려움을 탄식하지 않을 수 없다. 산은 하늘에 닿아 백월 지방 전체에까지 이어져 있는 듯하고, 절강과 복건 사이의 자물쇠 같은 요충지는 단지 하늘을 향해 열려 있을 뿐, 절강의 구주衢州는 그 맞은편에 있다.

겹쳐진 봉우리들의 수풀 우거진 길을 여행하는 시인들은 밟으며 가는데 깎아지른 듯이 솟아 있는 돌길은 안개에 뒤덮여 새도 지나가지 않을 정도로 험하다. 아득히 먼 대간령의 주변에서 절의 종소리가 들려오는데, 그 절은 옛날부터 이 험한 산꼭대기에서 선하령을 지키고 있다.

遊靈隱寺	**영은사에서 놀다**
我愛西湖靈隱寺	나는 서호의 영은사를 좋아하노니
寺門斜傍薜蘿開	절문 옆에는 덩굴풀이 얽혀 있네.
蒲團竟日談興廢	방석에 앉아 종일 세상 흥폐를 이야기하고
花徑由人數往來	정원의 꽃길은 사람 왕래가 끊이지 않네.
草色遙連騎馬路	풀빛은 멀리 말 타고 가는 길로 이어지고
濤聲長繞講經臺	서호의 물결 소리 길게 강경대까지 들려오네.

幸留一片袈裟地　　다행히 한 곳 강경대가 남았으니
不共滄桑化刼灰　　긴 세월과 함께 소멸되지 않았네.

■ 영은사靈隱寺 : 항주 서호 서쪽 언덕에 있다. 운림선사라고도 한다. 동진東晉의 함화咸和 원년(326)에 인도의 승려 혜리慧理가 창건했다. 송대에 선사禪寺라고 했고, 남송시대에는 오산五山의 제2에 열거될 정도로 크게 번영했다. 청대 강희제가 남쪽으로 순행했을 때, 운림사라는 이름을 내렸다. 원나라가 1359년에 전란으로 대파한 것을 보수하기 시작하면서 여러 번 크게 보수를 반복하며 오늘에 이르렀다. 현재 볼 수 있는 대전大殿도 청대의 것인데, 이것도 1956년과 1970년에 두 번 보수하였다. 증익의 『집규당시초』는 1689년에 편집되었는데 여기에 인용한 시에서도 알 수 있듯이 증익이 이곳을 방문하기 얼마 전에 화재가 있었던 듯하다. ■ 설라薜蘿 : 덩굴풀. ■ 포단蒲團 : 승려가 좌선 등에 사용하는 부들 잎으로 짠 방석. ■ 강경대講經臺 : 경전의 뜻을 설명하기 위한 대. ■ 가사지袈裟地 : 가사는 승려의 옷이므로 가사지는 절의 경내일 듯하다. ■ 창상滄桑 : '푸른 바다가 변해서 뽕나무 밭이 된다'는 것으로 세상의 변화가 극심함이다. ■ 겁회刼灰 : 전쟁으로 인한 화재.

시인은 서호의 영은사 풍취를 특히 좋아한다. 절의 문에는 덩굴풀이 얽혀 있다. 절의 경내에는 방석을 깔고 하루 종일 세상의 흥폐에 대해 이야기를 나눈다. 절은 불타 아직 수리되지 않았지만, 꽃에 쌓인 정원의 작은 길에는 사람의 왕래가 끊이지 않는다.

산문 옆의 풀은 말을 타고 지나가는 사람들에 밟혀 변색되어 멀리까지 이어지고, 서호의 물결 소리는 경내의 강경대 옆까지 들려온다. 다행히 이 강경대 주변은 넓은 경내의 한 모퉁이이므로 큰 화재에도 소멸되지 않고 남아 있다.

『황청시선』에는 "구성이 단단하고, 전체가 잘 짜여 있다(結構謹嚴, 通編老成)"는 평가가 붙어 있다.

遊虎丘	호구에서 놀다
曾夢江南好	일찍이 강남에서 놀기를 꿈꾸었더니
探奇到虎丘	신기함 찾아서 호구에 이르렀네.
川原經萬刦	강가 평원은 많은 전쟁 겪었으나
花鳥自千秋	꽃과 새는 천년토록 변함이 없네.
過客知携酒	나그네는 술을 마시며
看山竟浪遊	산을 보며 마음껏 즐기네.
吳王歌舞後	오왕은 이곳에서 가무에 빠졌으니
回首使人愁	돌아보면 운명의 덧없음에 서글퍼지네.

■ **호구**虎丘 : 소주를 여행하는 사람은 예나 지금이나 한 번은 방문할 가치가 있는 명소로 알려져 있다. 소주의 시가지 북서부에 있고, 거기에 세워진 벽돌로 만든 팔각형의 오래된 탑에서 바라보는 강남의 풍경은 장관이다. 호구라는 이름의 유래에는 여러 가지가 있다. 『중국명승사전中國名勝詞典』(上海辭書出版社)에 의하면, 오왕 부차夫差가 부친 합려闔閭를 장사지낸 3일 뒤에 흰 호랑이가 그 무덤 위에 웅크리고 있었으므로 호구라고 이름 붙였다는 설과, 언덕 모양이 호랑이가 웅크리고 앉아 있는 모습과 닮아서 유래되었다는 설이 있다. 또 이 외에도 진秦나라 시황

제가 돌아가는 길에 합려의 무덤에 매장되었다고 하는 보검寶劍을 파낼 때, 호랑이가 튀어나와 습격했다는 이야기 등이 전해지고 있다. 오왕 부차의 이야기에 대해서는 정순칙, 「서문에서 옛날을 조문하다」(62쪽) 시와 주석을 참조. ▪ 강남호江南好 : 백거이는 젊은 시절 강남을 여행하고, 그 지방의 매력에 끌렸다. 뒤에 그는 항주자사 · 소주자사가 되었다. 서호에 백제白堤가 있는 것에 대해서는 이미 서술했다(66쪽). 백거이는 낙양에 돌아가서도 항주와 소주를 잊지 못해 그곳을 그리워하는 시를 지었다. 유명한 「강남을 그리며憶江南」가 있다. '강남이 좋더라, 옛날 풍경 눈에 선하네'라고 노래했다. 수련首聯은 여기에 근거하고 있다. ▪ 천원川原 : 소주는 항주와 함께 장강의 델타(삼각주) 지대로 수향水鄕이라고도 함. ▪ 만겁萬刦 : 겁은 겁劫의 속자로 많은 병화兵火를 뜻함.

강남의 경승지 소주에서 노는 것을 꿈에 그렸더니, 마침내 신기한 이야기 가득한 호구를 방문하게 되었다. 탑에 올라 옛날부터 많은 전쟁이 일어난 장강 평원을 바라보니, 그 주변은 지금도 옛날부터 변함없이 아름다운 자연이 펼쳐져 옛날 그대로의 꽃이 피고 새가 노래한다.

나그네들은 이 경승지의 즐거움에 흥을 더하기 위해 술이 있어야 함을 알고, 자연을 마음껏 즐기며 노닐고 있다. 옛날 이곳에서 오왕 부차는 월왕이 보낸 미녀 서시西施와 가무에 빠졌으니, 그것을 회고하면 사람 운명의 덧없음에 서글퍼하지 않을 수 없다.

이 시도 『황청시선』에 채록되어 있는데, 그 평가는 "3 · 4

구는 호구의 봉갈棒喝 — 통렬히 비판하다 — 이라고 할 수밖에 없다"라고 평가되어 있다.

清湖除夕	청호의 섣달 그믐밤
三載離家一劍孤	3년이나 집을 떠나 칼 한 자루에 외로움 의지하지만
何期此夜客清湖	어찌 오늘 밤에 청호의 객이 될 줄 알았겠나.
勞臣敢作窮途恨	수고로운 신하 감히 막다른 길을 한하랴
濁酒聊尋野店沽	변두리 술집에서 탁주를 사네.
燈下長歌愁鹿鹿	등불 아래서 노래하니 근심만 몽글몽글 솟아
樽前沈醉唱烏烏	앞에 놓인 술에 취하여 중얼중얼 노래하네.
椒花偏向他鄉頌	산초 꽃은 유독 타향에서 노래하게 하고
鞅掌年年笑老夫	맡은 일 힘쓰며 해마다 늙어 감을 비웃네.

▪ **청호**清湖 : 절강성 강산현 남쪽 15리 정도에 있다. 선하령 기슭에 있으며 복건과 절강을 연결하는 교통의 요지이다. '민으로 가는 사람은 여기서 배를 버리고 육지로, 절강으로 가는 사람은 여기서 육지를 버리고 배를 탄다'(『讀史方輿紀要』 卷93 '강산현' 항목 참조)고 말하는 절강의 남원南源 땅이다. 여기서 북쪽으로 가면 구주衢州에 이르고, 남쪽으로 가면 선하령을 넘어 복건성 포성浦城에 이른다. ▪ **수록록**愁鹿鹿 : 녹록은 사람이 말하는 대로 따르는 편이지만 여기에서는 근심이 연이어 솟아난다는 의미일 것이다. ▪ **창오오**唱烏烏 : 오오는 술이 취해 노래하는 것을 드러내는 의성어. ▪ **초화**椒花 : 산초 꽃. 산초는 낙엽관목으로 잎은 날개 모양에 향기가 나며, 줄기와 가지 모두 가시가 많고, 껍질에 싸여 있는 검은 알갱이 모양의 열매를 만든다. 초화송椒花頌은

새해를 축하하는 가사이다. 두보의 「12월 1일」이라는 시에, '매화꽃으로는 시름어린 눈을 놀라게 하지 못하니, 산초 꽃을 가져야 먼 하늘을 아름답게 여기리'라고 하였다. 또 '초주椒酒'도 있는데 산초와 여러 종류의 약초를 조합해서 만든 술로 신에게 바치며, 정월 초하루에 축하 술로 쓰이는 도소주의 종류가 있으니 여기서 마시고 있는 술은 아마도 이 종류의 술일지도 모르겠다. ▪ 앙장鞅掌 : 앙은 메는 것, 장은 이것을 받드는 것이다. 즉 짊어진 일을 높이 받들어 든 모습으로 다스릴 여가 없이 늙어버린 모양. 또 번뇌의 뜻도 있다.

3년간이나 집을 떠나 고독감이 감싸는데, 올해도 또 이렇게 타향의 청호에서 섣달 그믐밤을 맞이할 줄은 생각지도 못했다. 수고로운 신하는 스스로에게 행로의 고통을 위로하려고 변두리 술집에서 탁주를 샀다.

등불 아래서 혼자 잔을 기울이며 소리 높여 노래 부르니 고향이 생각나 근심만 몽글몽글 솟아나고, 술을 마셔 취하여 중얼중얼 노래한다. 이렇게 3년 동안 타향에서 새해를 맞이하는 시를 짓고, 맡은 일에 힘쓰며 바쁘게 뛰어다니며 늙어 감을 스스로 비웃는다.

6

주신명周新命

(슈우신메이, 1666~1716)

주신명은 주씨 3세世로 목취진 친운상目取眞親雲上이며, 어릴 적 이름은 진우眞牛이고, 자字는 희신熙臣이다. 1666년에 태어나서 1677년에 약수재若秀才가 되었으며, 그 다음 해에는 가독家督을 이어 대리간절 목취진 지두직大里間切目取眞地頭職이 되었다. 1681년에 수재秀才가 되고, 1687년에는 22세로 통사에 승진, 다음 해에는 독서와 습례를 위해 복주에 갈 것을 허락받아 7년간 머무르고 1695년 30세에 귀국했다. 1707년에는 왕세손 상익에게 사서와 『시경』을 진강했는데 상익이 즉위한 뒤에도 계속되었다. 1701년 36세에는 도통사에, 1710년에는 중의대부, 1711년에는 다시 쿠메무라 강해사에 등용되었으며, 1713년 48세에는 정의대부가 되었다.

주신명은 독서와 습례를 위해 복주로 가서 축천식竺天植, 鏡筠에게 3년간 가르침을 받았는데, 시집 『취운루시전翠雲樓詩箋』에 있는 스승의 서문에는 주신명의 인품에 대해 다음과 같이 서술되어 있다. "주신명은 시가詩歌에 무료함과 불평의 개념을 쏟아 내거나, 영균靈均의 원망, 장사長沙의 격분, 숙야叔夜의 울분, 보병의 광기를 일절 사절하였으니, 그의 성정이 바름을 얻었기 때문이다." 영균은 굴원屈原(BC 343~BC 278)의 자字로, 자신의 주장이 받아들여지지 않는 것을 원망하여 멱라수에 몸을 던져 죽었다. '장사의 격분'은 한나라 때 가의賈誼(BC 201~BC 169)가 장사왕의 태부가 되었는데 제후의 강대한 세력이 억압하자 격분하며 탄식했다고 전한다. '숙야'는 삼국시대 위魏나라 혜강嵇康(223~262)의 자字로, 그의 성격이 너무 엄격하여 세상 사람들과 맞지 않아 술에 취해 울분을 발산했다는 것에서 전해진 것이고, '보병의 광기'는 삼국시대 위나라 완적阮籍(혜강과 함께 죽림칠현의 한 사람)의 일로, 그는 유교의 가르침을 지키는 예속禮俗의 사람을 싫어하여 자신의 뜻에 맞지 않는 사람은 백안白眼으로 대하고, 자신의 뜻에 맞는 사람은 청안靑眼으로 대했다고 한다. 이와 같이 성정이 극단에 치우쳐 세상과 맞지 않는 행동은 주신명에게는 전혀 없었다. 그것은 그의 성정이 온후했다고 평가하고 있음이다. 그의 시를 읽어봐도 대체로 밝으며 온아하고, 시의 정서가 풍부하다고 생각된다.

그의 시집 『취운루시전』은 『중산시문집』에 수록되어 있다.

釣龍臺懷古	**조룡대에서 옛일을 생각하며**
江上荒臺落日邊	민강 곁의 황폐한 조룡대 석양이 비추니
不知龍去自何年	용이 떠난 지 몇 년이나 되었을까.
殿檐花滿眠鼯鼠	전각 처마에는 꽃이 가득 피어 날다람쥐가 잠자고
輦道苔深哭杜鵑	수레 지나간 길은 이끼 가득 자라 두견새가 울고 있네.
遺事有時談野老	전해오는 이야기 가끔 시골 노인이 말할 뿐
斷碑無主臥寒煙	깨진 비석은 주인 없이 찬 안개 속에 누워 있네.
凄然四望春風路	봄바람 부는 길에서 쓸쓸히 사방을 바라보니
縱是鶯聲亦可憐	꾀꼬리 소리도 가련할 뿐이네.

▪ 조룡대釣龍臺 : 복건성 복주부 후관현에 있으며, 성 남쪽 9리에 높은 언덕이 우뚝 서서 큰 강을 내려 보고 있는 곳에 있다고 한다. 한나라 때 동월왕東越王 여선餘善이 여기에서 흰 용을 낚았으므로 단을 쌓아 조룡대라 불렀다고 전해지고 있다. 뒷사람들은 월왕대越王臺라고 했으며, 지금은 남대산南臺山이라고 부른다(『讀史方輿紀要』 卷96 '후관현' 참조). ▪ 전첨殿檐 : 월왕이 쌓은 전각의 처마. ▪ 오서鼯鼠 : 날다람쥐. 다람쥐과의

동물. 다람쥐와 닮았는데 조금 크고, 앞뒤 다리 사이의 발달된 피막으로 나무에서 나무로 활공한다. ▪ 연도輦道 : 궁중의 길. 천자의 가마가 다니는 길이지만 여기서는 단지 수레가 다니는 길. ▪ 두견杜鵑 : 두견새의 별명. ▪ 처연凄然 : 쓸쓸하고 애처로운 모습.

민강의 옆 지금은 황폐한 조룡대 곁을 석양이 비추고 있지만, 여기서 용이 떠난 지가 이미 몇 년이나 되었을 것이다. 일찍이 월왕이 전각을 세운 옆에는 들꽃이 가득 피어 날다람쥐가 살고, 수레가 지나간 길은 이끼가 가득 자라 두견새가 울고 있다.

여기에 얽힌 이야기가 많지만 가끔 시골 노인이 화제로 삼을 뿐, 깨진 옛 비석은 누구의 사적을 기록하고 있는지 설렁한 저녁 안개 속에 넘어져 누워 있다. 이와 같이 쓸쓸하고 애처로운 정경 속에 봄바람이 불어 가령 이 속에 꾀꼬리가 울고 있다고 해도 그것은 슬프고 애처로운 기분을 강하게 할 뿐이다.

登石鼓𡸣崱峰	**석고산 역즉봉에 오르다**
獨立閩山第一峰	홀로 우뚝 선 민산 제일봉에서
悠然四望海天空	아득히 사방을 바라보니 바다와 하늘이 한 빛이네.
凌雲閒倚千秋石	구름을 넘은 높은 곳, 천년의 바위에 한가로이 기대니
拂袖時來萬里風	소매를 흔드는 바람이 만 리 저쪽에서 불어오네.
古堞迷茫飛鳥下	오래된 성가퀴에는 나는 새가 아득히 내려앉고
故園隱現暮煙中	고향 동산은 저무는 안개 속에 보일락 말락.
喜今近遠波濤靜	기쁘게도 지금은 유구도 청국도 평온하고
共仰車書萬國同	여러 나라가 함께 같은 수레와 문자를 숭상하네.

▪ **석고역즉봉**石鼓屴崱峰 : 석고는 복건성 복주시 동쪽 약 12km에 있는 고산鼓山이다. "그 산꼭대기에 큰 돌이 있는데 북과 같아서 고산이라 이름 붙였다. 가장 높은 곳은 대정봉大頂峰이다. 일명 역즉봉이라고 한다." (『讀史方輿紀要』 卷96) 옛날부터 여기에 오르면 대소大小 유구(대유구는 지금의 오키나와이고, 소유구는 지금의 대만)가 바라보인다고 전해온다. 산기슭에는 고찰인 용천사湧泉寺가 있다. 산문으로 들어가서 멀지 않은 곳에 최근 '공해입당지지空海入唐之地'라는 비석이 세워졌다. ▪ **고첩**古堞 : 첩은 성 주변을 둘러싸고 있는 낮은 울타리이다. 여기서는 고산 아래쪽을 보고 말하고 있는 듯하다. ▪ **고원**故園 : 고향. 여기서는 작자의 고향 유구를 말함. ▪ **차서**車書 : 수레와 책, 수레의 축과 문서가 같다는 것은 나라의 제도나 정전政典이 같다는 말.

고산은 복주 동남쪽에 우뚝 서 있는 복건성 제일의 명산으로, 그 넉넉한 산에 올라 여유롭게 사방을 둘러보니 바다와 하늘이 한 빛으로 끝없이 넓게 펼쳐져 있다. 구름을 넘을 만큼 높은 곳에 아득히 있는 오래된 큰 바위에 기대니, 소매를 스치는 바람이 만 리 저쪽에서 불어온다.

오래된 성가퀴와 같은 것이 눈 아래 날아가는 새 아래로 반복해서 보이고, 고향 유구는 저무는 안개 속에 보일락 말락한다. 기쁘게도 지금은 먼 곳도 가까운 곳도, 유구도 청나라도 평온한 시대로 풍파도 없고, 수레도 문자도 같으며, 주변의 나라들도 같은 모습으로 청나라를 숭상하며 따르고 있다.

寄鄭寵文	정총문에게 부치다
與子握手別	그대와 손잡고 이별한 뒤
愁心繞故鄉	근심스런 마음에 고향만 그리워하네.
驛亭花逕冷	숙소 길에 핀 꽃은 차갑고
江路草橋荒	뱃길 옆의 다리는 풀이 가득하다.
客夢隨山月	나그네 꿈은 산의 달을 따르고
溪聲落雪堂	시냇물 소리는 설당에 떨어지네.
故人如問我	그대가 혹 나의 기분을 묻는다면
萬里一空囊	만 리 떨어진 나는 몸이 텅 비었다네.

■ 정총문鄭寵文 : 정순칙이다. 정순칙보다 세 살 어린 주신명은 1688년 23세 때, 독서와 습례를 위해 복주로 건너가서 7년간 체재했다. 정순칙은 1683년부터 4년간 복주에서 공부했는데, 주신명이 복주에 도착한 다음 해인 1689년에 접공존유통사로 다시 복주로 건너가 3년간 복주에 머물렀다. 동향의 젊은이로 꽤 친하게 교류했던 것은 『중산시문집』에 그의 시집이 들어 있는 것에서도 알 수 있다. ■ 역정驛亭 : 복주에 있는 유원역柔遠驛, 琉球館. ■ 강로江路 : 큰 시내의 뱃길, 선박 여행의 길. 여기에서는 고향 유구로 가는 뱃길. ■ 산월山月 : 산 위의 달. 고향을 그리는, 친한 사람을 생각하는 심정을 자아내는 것으로 자주 사용된다. 당나라 이백의 '고개 들어 밝은 달 바라보다, 고개 숙여 고향을 생각하네'(「정야시靜夜思」) 라는 시구가 있다. ■ 설당雪堂 : 직역하면 눈 내린 당이지만, 정순칙의 호가 '설당'인 것과 관련되어 있다. ■ 공낭空囊 : 텅 빈 주머니.

정순칙과 서로 손을 잡고 헤어지고 나서 시인의 마음은 언제나 고향을 그리워할 뿐이다. 숙소 뜰의 좁은 길에 핀 꽃은 차갑고, 돌아가는 뱃길 옆의 다리는 수풀로 덮여 있다.

여행에서 꾸는 꿈은 산의 달을 따라 고향에 가는 것인데, 계곡의 시냇물 소리가 눈으로 덮여진 당에 차갑게 울린다. 그대가 혹시 지금 시인의 기분을 묻는다면, 만 리 저 멀리 떨어져 있는 시인은 몸이 텅 비어 있는 것 같다고 답한다.(고향과 정순칙을 생각할 뿐, 그 외에는 아무것도 없다.)

初冬晩眺	**초겨울의 만조**
樓外煙光望渺茫	누각 밖 밥 짓는 연기 아득히 바라보니
雲天萬里起微霜	구름 낀 하늘 만 리 엷은 서리가 내리네.
千山日落行人急	겹겹의 산에 해 저무니 행인들 발걸음 바쁘고
空有江聲斷客腸	인적 없는 강의 파도 소리에 나그네 단장 끊어지네.

▪ 연광煙光 : 밥 짓는 연기. 인가에서 불을 때어 나는 연기. ▪ 미상微霜 : 엷은 서리. 완적阮籍의 「영회시詠懷詩」 제12수에 "삭풍은 매서운 추위를 몰아치고, 음습한 기운은 엷은 서리를 내리네"라는 구절이 있다. ▪ 천산千山 : 많은 산. ▪ 단장斷腸 : 창자가 끊어질 정도로 슬픈 것.

누각 밖, 아득히 먼 곳에까지 인가가 펴져 있는데, 저녁을 준비하는 연기가 피어오른다. 저 멀리까지 차가운 겨울 구름이 덮여 있는 하늘이 이어져 엷은 서리가 내린다.

산에 해가 지자 사람들은 서둘러 집으로 돌아가는데 인기척도 없는 강물에서 파도 소리가 들리니, 그것이 나그네인 시인을 견딜 수 없게 한다.

高樓遠眺寄懷舊友	**높은 누각에서 멀리 보며 그리운 친구에게 부치다**
一別家鄉近五秋	고향을 떠나온 지 벌써 5년
高樓獨倚望蘆州	높은 누각에 홀로 기대어 갈대 우거진 강촌을 바라보네.
綠堤鳥語驚殘夢	푸른 둑에서 우는 새가 이루지 못한 꿈을 일깨우고
隔水蒼葭憶舊遊	물 건너 무성한 갈대가 어릴 적 놀던 벗을 생각나게 하네.
渺渺平沙迷野樹	아득한 모래벌판 나무에 가려 희미하고
蕭蕭落日帶孤舟	쓸쓸한 석양은 외로운 배에 쏟아지네.
無情鴻雁音書杳	무정한 기러기는 편지 한 통 없으니
何日傳杯散客愁	언제쯤 술을 나누며 여행의 시름을 씻을까.

▪ 오추五秋 : 다섯 번째의 가을. 그가 복주에 간 것은 1688년 23세 때이므로 이 작품은 그로부터 5년째인 1693년 가을에 지은 것이다. 게다가 높은 곳에 올랐으므로 중양절(9월 9일)에 지은 듯하다. ▪ 노주蘆州 : 안휘성과 호북성에 이런 이름의 지명이 있지만, 그는 복주 체재 중에 이들 지방을 방문하지 않았으므로 여기서는 갈대가 자라 있는 강촌이라는 뜻이다. ▪ 잔몽殘夢 : 꾸다 남은 꿈. 못다 꾼 꿈. 여기에서는 좀처럼 실현되지 않는 꿈. ▪ 창가蒼葭 : 창은 푸르고 푸르게 우거져 있다든가, 왕성하게 우거져 있는 것. 가는 갈대가 우거진 것. ▪ 묘묘渺渺 : 아득하면서 어렴풋한 모습. 그 다음의 소소蕭蕭와 같은 모습으로, 같은 자음을 겹쳐서 어떤 것의 상태나 모양을 나타낸다. 한자 그 자체의 의미보다도 발음의 느낌으로 분위기를 표현한다. ▪ 소소蕭蕭 : 쥐 죽은 듯이 조용하여 쓸쓸한 모습. ▪ 고주孤舟 : 단지 한 척의 배. 두보의 「악양루에 올라登岳陽樓」에서 "친한 벗이 한 자 글월도 없으

니, 늙어가는 몸에 외로운 배 한 척 뿐이로다"라고 했다. 즉 친척이나 벗들로부터 편지 한 통 오지 않으니, 늙고 병든 몸을 기댈 곳은 한 척의 작은 배뿐이라는 구절이 있다. ■ 홍안鴻雁 : 기러기. 가을에 오는 새. 큰 놈은 홍이라 하고, 작은 놈은 안이라고 한다. 기러기는 편지를 전하는 새.

고향을 떠나온 지 벌써 5년이 되었다. 오늘은 중양절, 높은 누각에 올라 갈대가 자란 강촌의 풍경을 바라보며 아득한 저쪽에 있는 고향 마을을 생각한다. 푸른 둑에서 우는 새가 친한 사람들을 만나고 싶다는 이루지 못한 꿈을 일깨우며, 물 건너 무성한 갈대가 어릴 적 놀던 벗을 생각나게 한다.

아득히 어렴풋한 곳까지 이어진 평평한 모래벌판은 나무들에 가려 길 잃은 듯이 사라지고, 쥐 죽은 듯 고요한 쓸쓸함 속에 작은 배가 석양을 덮어쓰며 떠간다. 사람의 기분을 알 수 없는 기러기는 가족과 벗들의 편지 한 통 가져오지 않으니, 언제쯤 고향에 있는 벗들과 술을 마시며 여행의 시름을 씻을 수 있을까.

九日登九仙觀	**9일 구선관에 오르다**
當日仙人去不還	당시 신선은 가고 돌아오지 않으니
那堪重九獨登山	어찌 중양절에 홀로 산을 오를까.
風高落帽人何在	높은 바람에 모자 떨어뜨린 맹가는 어디에 있나
筆懶題餻句可删	부질없이 붓을 잡고 고餻 자로 시를 짓다가 고치네.
天外松濤吹梵響	하늘 밖 솔바람은 선관에 불어 울려 퍼지고
空中閣影帶雲閒	공중의 누각 그림자는 구름을 감고 한가롭네.

一從戲馬鎖沈後	한때 화려했던 희마대도 없어진 뒤
惆悵荒臺夕照間	쓸쓸히 황폐한 구선관을 노을 속에 바라보네.

▪ 구선관九仙觀 : 구선산에 있는 도교 사원인 듯하다. 구선이란 아홉 종류의 선인으로 상선上仙, 고선高仙, 대선大仙, 원선元仙, 천선天仙, 진선眞仙, 신선神仙, 영선靈仙, 지선至仙이다. 구선산은 산동성과 복건성에 있다. 복건성에서도 복주 시내, 민후현閩侯縣, 연평延平(지금의 남평) 근처의 장락현將樂縣, 용계현龍溪縣 네 곳에 있다. 여기서 말한 구선산은 복주 시내의 우산于山이라고 생각된다. 『독사방여기요讀史方輿紀要』에 "구선산은 부府의 성내 동남쪽 모퉁이에 있다. 지금 이름은 어산於山이다. 전해오기를, 한나라 무제 때 어떤 성씨의 형제 9명이 여기에 올라 신선이 되었다고 하여 지금의 이름으로 고쳤다. 또 다른 이름은 구일산九日山이다. 「민중기閩中記」에는 무제無諸, 閩越王가 9일 동안 연회했던 장소라고 한다. 위에 오정봉鼇頂峰이 있고, 평원대平遠臺가 있는데 평평하고 넓어서 멀리 바라볼 수 있다. 또 오석산부烏石山府의 성 안 서남쪽 구석이다. 구선산과 동서로 대치한다"고 하였다. 장락현이나 민후현의 구선산일 가능성이 전혀 없는 것은 아니지만 작자가 몸을 기대고 있는 유구관에서 가까운 곳으로 그곳에 연유한 이야기가 유명하므로 지금도 복주 시내 경승지의 하나로 되어 있는 우산이라고 해석하는 것이 자연스러울 것이다. 한편 우于는 어於의 간체자이다. ▪ 중구重九 : 음력 9월 9일을 말한다. 양은 홀수이고, 음은 짝수인데, 9월 9일은 양수가 겹치므로 중구 또는 중양重陽이라고도 말한다. 일 년의 중요한 절기이다. 이날에는 높은 곳에 오른다고 하여, 높은 언덕이나 누각에 올라 먼 곳을 조망하면서 국화주를 마시거나, 국화를 머리에 꽂거나 한다. 또 이날에는 '수유나무' 열매가 익으므

로 그 가지를 꺾어 머리에 꽂거나 주머니에 넣어 몸에 지녀 재앙을 물리치는 습속이 있다. ▪ 낙모인落帽人 : 남조시대 진晉의 맹가孟嘉. 진나라 환온桓溫이 9월 9일에 용산龍山에서 연회를 할 때, 바람이 불어와 맹가의 모자가 벗겨졌지만 맹가는 알아차리지 못하고 화장실에 갔다. 환온이 주워서 돌려주고 사람에게 글을 짓도록 명하여 그 모습을 놀리려고 했을 때, 그 문장에 대한 맹가의 답이 매우 아름다워 주위 사람들이 감탄했다. 이 고사에서 9월 9일 절기를 '낙모지신落帽之辰'이라고도 한다. ▪ 희마戱馬 : 송나라 하주●의 "희마대가 거칠어져 햇수는 절로 오래되었네"(「9일 희마대에 올라九日登戱馬臺」)를 답습한 것이다. 희마대는 강소성 동산현의 남쪽에 있는데, 초나라 항우가 쌓았지만 진晉나라 의희● 연간에 유유●가 이곳에 많은 관료들을 모아 시를 읊었다고 한다.

하주(賀鑄, 1052～1125) : 송나라 문인. 자는 방회(方回)이다.

의희(義熙) : 동진(東晉) 안제(安帝)의 연호로 405～418년까지 사용했다.

유유(劉裕, 363～422) : 남조 송나라 초대 황제. 3년간의 재위 기간 중 관리의 기강을 바로잡고, 호족의 세력을 억제시켰으며, 국가기관을 간소화·정예화했다. 학교를 세우고, 강남의 농업생산을 발전시켜 이후 '원가의 치'의 기초를 놓았다.

이미 이곳의 구선九仙은 가고 돌아오지 않으니 말할 상대도 없이 중양절에 혼자 이곳에 올라오는 것은 참으로 쓸쓸한 일이다. 맹가와 같은 뛰어난 문인도 지금은 어딘가에 가버려 부질없이 붓을 잡고 유우석劉禹錫이 중양절에 시를 지으면서 '고餻' 자를 쓰려고 했으나 이 글자가 육경六經에 없다고 하여 그만두었다는 고사를 떠올리며 시를 쓴다.

하늘 밖 솔바람은 선관仙觀에 불어 울려 퍼지고 공중에 높이 솟은 누각 그림자는 구름 사이로 보인다. 유유가 그의 신하와 시를 짓고 잔치를 열었던 희마대도 없어져 쓸쓸히 석양에 붉게 물든 황폐한 구선관을 바라본다.

秋興	가을의 흥취
無邊木葉下秋風	끝없이 나뭇잎은 가을바람에 떨어지고
樓外雲山四望中	누각 밖 구름에 걸린 산들이 사방에 솟아 있네.
滿眼煙光都在菊	눈 가득 가을 풍취 곳곳에 국화가 있고
一林霜氣半宜楓	온 숲은 차가운 서리에 절반의 단풍이 좋네.
離情每向閒中切	이별한 정은 매번 한가한 때에 절실한데
玄草還從醉後工	나의 시는 취한 뒤에 다시 정교해지네.•
歲月易過生幻想	세월의 변천은 빨라 환상을 만드니
好携瓢笠訪崆峒	술과 삿갓을 들고 광성자를 찾아가 볼까나.

현초(玄草) : 한(漢)나라 양웅(揚雄)이 『태현경(太玄經)』을 지은 것을 가리키는데, 여기서는 자신의 시를 말한다.

▪ 추흥秋興 : 가을의 풍경에 대한 감흥을 서술한다는 의미. 두보의 「추흥팔수秋興八首」가 알려져 있다. ▪ 무변목엽하추풍無邊木葉下秋風 : 두보의 「등고登高」에 "바람 빠르고 하늘 높은데 원숭이 울음 슬프고, 물가는 맑고 모래는 깨끗한데 새가 날아도네. 끝없이 나뭇잎은 쓸쓸히 떨어지고, 다함없는 장강은 도도히 흐르네"라는 구절이 있다. ▪ 만안滿眼 : 눈에 보이는 데까지. ▪ 상기霜氣 : 서리가 매서운 기색. 전하여 매서운 기상. 「상기횡추霜氣橫秋」라는 것은 매서운 서리가 가을 하늘에 가로로 펼쳐져 있는 것. ▪ 일림상기반의풍一林霜氣半宜楓 : 두보의 「산행山行」에 "수레 멈추고 앉아 늦은 단풍을 즐기니, 서리 맞은 단풍잎이 2월의 꽃보다 붉구나"라는 구절이 있다. ▪ 이정離情 : 고향을 떠나 타향에 있다는 기분. ▪ 취후공醉後工 : 술에 취한 뒤 일부러 하는 것 같은 빛바랜 흐트러짐. ▪ 표립瓢笠 : 표는 표주박으로 술 등을 넣는 것이고, 립은 나무로 만든 머리에 쓰는 삿갓으로 비나 햇볕을 막는다. ▪ 공동崆峒 : 『장자』에는 공동空同이라고 되어 있는데, 황제黃帝

광성자(廣成子) : 공동산(崆峒山) 석굴 속에서 살았다는 신선 이름이다. 황제가 천자의 자리에 오른 지 19년에 광성자라는 선인에 대한 이야기를 듣고 직접 공동산 석실로 찾아가 도를 물었다는 내용이 『장자』 「외편」 「재유(在宥)」에 나온다.

가 광성자•에게 도를 물은 장소라고 한다. 원래 전설상의 산이지만 후인들은 그 소재에 대해 여러 설을 만들고 있다.

끝없이 넓은 숲의 나뭇잎은 가을바람에 떨어져 흩어지고 높은 누각의 사방에 아득히 먼 구름에 걸린 산들이 솟아 있다. 눈이 닿는 데까지 가을의 풍취가 가득하고, 여기도 저기도 국화로 가득하다. 숲의 나뭇잎은 차가운 서리를 맞아 색이 바래고, 절반이 물들기 시작한 단풍에는 딱 좋은 냉기이다.

고향을 떠나 느끼는 쓸쓸함은 이와 같이 일을 떠나 한가한 때에 더욱 절실하고 시인의 시는 술 취한 뒤에 다시 정교해진다. 세월의 변천은 빨라서 그것이 또 다양한 환상을 만드니 시인도 술과 삿갓을 들고 신선 광성자를 찾아가 사람의 도를 묻고 싶은 기분이 든다.

詠菊	**국화를 노래함**
老圃秋客逈出塵	늙은 농부 가을 객은 멀리 속세를 벗어났으니
疎疎落落有精神	소산하고 쓸쓸하지만 정신은 있네.
孤芳似與春爲姤	외로운 자태는 봄과 아름다움을 다투는 듯
晩節偏宜月作隣	오랜 절개 오직 달과 이웃하기 좋구나.
豈其佳人稱彼美	어찌 국화가 자신을 아름답다 할까
恍疑高士是前身	고결함은 국화의 전신이 군자인 듯하네.
自從彭澤歸來後	도연명이 팽택에서 돌아온 뒤에는
結伴東籬友逸民	동쪽 울타리에서 은자의 벗이 되었네.

▪ **영국**詠菊 : 이 시 전체가 국화를 사랑하고 술을 사랑한 도연명의 여러 작품을 근거로 하고 있다. ▪ **노포**老圃 : 밭을 일구는 노련한 농부. 『논어』「자로」편에 "번지가 농사짓는 법을 배우고 싶다고 하자, 공자가 '나는 노련한 농부보다 못하다'라고 했다. 다시 번지가 채소밭을 가꾸는 법을 배우고 싶다고 하자, 공자는 '나는 노련한 채소재배자보다 못하다'라고 답했다"는 내용이 있다. ▪ **형**逈 : 형迥의 속자. 멈, 아득함의 의미이다. ▪ **소소**疎疎 : 의복 등이 헐렁한 모양. ▪ **낙락**落落 : 뜻이 높고 큰 모양. 기개와 도량이 넓고 마음이 탄탄한 모양. ▪ **정신**精神 : 생기가 넘치는 모양. 생기와 광채가 있어서 아름다운 것. ▪ **자종팽택귀래후**自從彭澤歸來後 : 진晉나라 도연명은 팽택의 현령이 되었다가 "오두미를 위해 향리의 소인에게 허리를 굽힐 수 없다"라고 하고 80여일 만에 현령을 그만두고 고향으로 돌아갔다는 일화가 있다. 팽택은 강소성 호구현의 동쪽 30리에 있다. 당시의 현 이름이다. 도연명의 고향 심양潯陽으로부터는 백 리 정도 된다고 한다. ▪ **동리우일민**東籬友逸民 : 도연명의 시에 "동쪽 울타리 아래에서 국화를 따다가, 무심히 남산을 바라본다."(「음주飮酒」 20수 중 5수), "가을 국화 고운 빛깔, 이슬 젖은 꽃잎 따서, 술에 띄워 마시니, 속세 떠난 마음 깊어라"(「음주」 20수 중 7수) 등의 유명한 구절이 있다. 국화는 은자의 뜻을 상징적으로 나타내며, 술에 국화 꽃잎을 띄워 마시는 것은 장수와 정신의 순화를 향상시키는 것으로 옛날부터 그 풍습이 있었다.

아름다운 국화는 더러운 속세를 멀리 벗어난 높은 기개가 있고 빛깔도 다양하고 기개 높으며 생기 넘쳐 아름답다. 그만의 향기를 내뿜고 있는 자태는 봄꽃도 그의 아름다움을 다투는 듯하고 오랜 절개를 가진 그의 기개 높은 자태를 뽐내는 모습은 밝은 달의 짝으로 어울린다.

그렇지만 국화는 그 자신의 아름다움을 의식하고 있을까. 그의 전신은 고결한 군자가 아니었을까라고 의심할 정도이다. 도연명이 팽택의 현령을 그만두고 고향으로 돌아갔을 때는 동쪽 울타리 아래에서 도연명의 벗이 되어 사랑받았다.

7

채문부蔡文溥

(사이분부, 1671~1745)

채문부의 어릴적 이름은 백세百歲, 자는 천장天章, 호는 여정如亭이다. 채응서蔡應瑞의 장남으로 쿠메무라에서 태어나 1686년 16세 때, 양성집梁成楫·정병균鄭秉均·완유신阮維新 세 사람과 관생으로 11월 14일 진공선을 타고 나하에서 출발했다. 케라마慶良間에서 바람을 기다려 17일에 출항했다가 18일에 쿠메지마久米島 남쪽에서 광풍을 만나 배의 돛대가 넘어져 정병균이 죽었다. 배는 19일 미야코지마宮古島에 표착했다. 다음 해 나하에서 목재와 목수를 불러들여 배를 수리하여 나하로 돌아가 9월에 다시 출항했다. 10월에 복주에 도착, 다음 해 1688년 11월 7일에 국자감에 입감하여 4년간 배우고, 1691년 12월 복주로 와서 다음 해 6월 귀국했다. 22세에 강해사 겸 훈고사가 되었다.

24세부터 26세까지 왕부에서 사서四書와 『시경』, 『통감』을 진강하였으니 뛰어난 학자였던 것 같다. 29세 때에는 접공존유통사가 되어 복주에 3년간 머무르고 귀국했다. 귀국한 뒤에도 왕부에서 사서와 당시唐詩를 진강했는데, 34세에 병으로 사임했다. 서보광이 채문부에게 보낸 시에 의하면, '그대는 이곳 중산 제일의 천재'라고 말하고, '몇 년간 폐병으로 시공詩工을 돕고'라고 읊고 있으므로 폐병에 걸린 듯하다. 그렇지만 46세에 정의대부가 되고, 50세에는 자금대부가 되었다. 구지천 간절 축령 지두직具志川間切祝嶺地頭職을 맡았으므로 축령친방祝嶺親方이라고도 불린다.

채문부는 당호를 사본당四本堂이라 하고, 『사본당시문집四本堂詩文集』이 있다. 65세 때에는 『사본당가례四本堂家禮』를 편집했다. 이것은 구지具志의 채가蔡家에서 옛날부터 행해오던 예식 중에서 무익한 것은 두고, 행해야만 하는 것을 빠짐없이 기록해서 집안의 규칙으로 정돈해 두었으므로 자손 대대로 지켜야 한다고 서문에 써둔 것처럼 가헌家憲이다. 관혼상제와 그 외의 행사에 대해서 그림을 넣어서 쓰고 있으므로 예식의 본보기로써 오키나와에 전해졌다고 생각되는 중요한 예법이다.

初春過仙霞關	**이른 봄 선하관을 지나며**
雄關千仞與宵鄰	웅장한 관문 천길 높이 하늘과 이웃하고
鎖鑰南天護八閩	남쪽의 자물쇠 되어 복건 지방을 지키네.
遊子過時梅正白	여행객이 지나갈 때, 마침 하얀 매화가 피어
看花一路喜逢春	매화꽃을 보며 가는 길은 봄을 맞는 기쁨을 준다.

▪ **초춘**初春 : 『가보家譜』에 의하면 그는 16세 때와 29세 때, 두 번 중국에 갔는데, 두 번째에는 접공존유통사로서 복주에 머물렀지만 선하령을 넘어 북경에 여행할 기회는 없었다. 따라서 이 시는 처음 중국에 갔을 때의 작품이라고 하겠다. 작자의 전기傳記의 설명에 따르면 채문부 일행의 중국행은 태풍을 만나 곤란을 겪어 당초의 예정보다도 2년이나 늦은 1687년 10월에 복주에 도착, 다음 해 5월 25일 복주를 떠나 9월 17일 북경에 도착, 11월 7일 국자감에 입감했다. 그곳에서 4년간 배우고 1691년 12월 □4일 복주로 돌아와 다음 해 6월 3일 귀국했다. 이에 근거해보면, 선하령을 봄에 넘었다는 것은 맞지 않지만 국자감에서 유학을 마치고 복주로 돌아온 것에 대해 '12월 □4일 민閩에 도착'이라 한 것은 24일임이 틀림없다고 생각된다. 왜냐하면 이제 곧 정월을 맞이하려고 하는 때이므로 이때 지었다고 보아도 좋다고 생각된다. ▪ **선하관**仙霞關 : 선하령 가운데에 있는 관문. 선하령에 대해서는 정순칙, 「선하령에서 매화를 보

다」(72쪽) 주석 '선하령' 참조. ■ 소린霄鄰 : 하늘 높이 솟아 있는 것. ■ 쇄약鎖鑰 : 열쇠와 자물쇠. 선하령은 절강성과 복건성의 경계에 마치 견고한 벽처럼 우뚝 솟아 있다. 그 험난하고 견고한 모양을 열쇠와 자물쇠에 비유하였다. ■ 팔민八閩 : 복건성. 원나라 때에 복건 지방을 나누어, 복주福州 · 흥화興化 · 건녕建寧 · 연평延平 · 정주汀洲 · 소무邵武 · 천주泉州 · 장주漳州의 8로路로 했고, 명나라 시대에 고쳐서 8부府로 했다고 한다.

강고하고 훌륭한 관문은 하늘을 찌를 듯 높은 곳에 있고 절강성과 복건성의 사이에 열쇠와 자물쇠같이 북쪽에서 와도 남방의 복건 지방을 단단히 지키고 있다.

여행객이 지나갈 때는 마침 하얀 매화가 피어 있어 그 청초한 하얀 매화를 보면서 선하령을 넘는 것은 새봄을 맞이하는 기쁨을 한층 북돋아준다.

上巳同諸友集飮江樓	**상사일에 여러 벗들과 함께 강루에 모여 마시다**
幾年北闕苦淹留	몇 년이나 북경에 괴로이 머물러 있었던가
詔許辭歸到驛樓	천자의 허락을 받고 복주의 유구관으로 돌아왔네.
花柳多情逢客笑	꽃과 버들도 다정히 웃으며 객을 맞이하고
山川有意待人遊	산과 시내도 놀러온 우리를 기다린 듯하네.
蘭亭勝事雖難繼	난정의 유명한 놀이는 이어가기 어렵지만
瓊水風光尙未收	경수의 풍광은 여전히 아름답네.
相對一樽期盡醉	서로 술독을 마주하고 취할 때까지 마시는데
當歡又動故園愁	기쁠 때는 걸핏하면 고향 생각에 근심 겨워하네.

▪ 상사上巳 : 음력 3월의 첫 번째 사巳일. 이날은 흐르는 물가에서 재앙을 물리치는 행사를 하여 일 년의 나쁜 일을 제거한다. 위魏나라 이후에 3월 3일로 고정되어 히나노셋구雛の節句, 모모노셋구桃の節句가 되었다. 이날은 냇가에서 목욕을 하거나, 곡수曲水에서 잔치를 열거나 한다. "물은 사물을 씻어 맑게 하는 힘을 가지고 있으므로 재앙을 제거하고, 풍년을 기원하며, 자손의 번영이나 비를 내리는 영험한 힘을 가지고 있다고 생각하므로 행하는 의식이고, 게다가 물가에서 행락이나 잔치 등이 곁들여 행해진다. 곡수에 술잔을 띄우고 시를 지으며 노는 것은 말하자면 변형된 것이라고 한다."(敦崇, 小野勝年 譯, 『燕京歲時記』「北京年中行事記」, 平凡社東洋文庫. 이 항목과 같은 동양문고의 『荊楚歲時記』도 참조) 작자는 이날 복주 유구관에 있는 벗들과 연회를 열어 시를 짓고 놀았다. ▪ 북궐北闕 : 북경. 궐闕은 궁전의 문. ▪ 엄류淹留 : 오래 머물다. ▪ 역루驛樓 : 복주에 있던 유원역(유구관). ▪ 다정多情 : 감정이 풍부한 것. 마음의 감수성이 많은 것. ▪ 난정승사蘭亭勝事 : 절강성 소흥현의 서남쪽 땅에 난저蘭渚가 있고, 물가에 정자가 있으니 이것이 난정蘭亭이다. 승사勝事는 그 곳에서의 멋진 일로 353년 진晉나라 영화永和 9년 3월 3일 왕희지●가 당시의 명사 41명과 난정에서 만나 곡수에 잔을 띄우고 재앙을 없애는 행사를 하며 시를 짓고, 왕희지 자신이 서문을 썼다고 하는 풍류적인 놀이이다. '곡수의 잔치曲水宴'는 '유상곡수流觴曲水'라고도 하며, 굴곡진 작은 시내의 흐르는 물에 잔을 띄우고, 그 잔이 자신 앞에 흘러오기까지 시를 짓는 것이다. 만약 시를 짓지 못하면 벌로써 그 잔의 술을 남김없이 다 마셔야 하는 놀이이다. ▪ 경수瓊水 : 유구관 매우 가까이에 흐르고 있는 민강의 지류인 경하瓊河이다. 정순칙, 「경하에서 배를 타고」(42쪽)의 '경하' 주석

왕희지(王羲之, 307~365) : 서성(書聖)으로 존경받는 동진의 서예가로 자는 일소(逸少)이다. 산동성 낭야 임기의 명문가에서 태어났다. 초서, 행서, 해서의 실용적 서체를 예술적인 경지로 완성시켰다. 시집 『난정집서』의 서문인 「난정아집시서」가 대표 걸작으로 꼽힌다.

참조. ■ 고원수故園愁 : 나그네 근심. 고원은 고향이며, 고원수는 여행하면서 고향을 생각하는 쓸쓸한 마음.

몇 년이나 북경의 국자감에 머물러 있다가 천자의 허락을 얻어 친한 벗이 있는 복주의 유구관에 돌아왔다. 머무는 유구관 주변의 꽃과 버들도 오랜만에 돌아온 시인의 기분을 아는 듯 웃으며 맞이하고, 산과 시냇물도 시인들이 놀러 올 것을 기다리고 있었던 듯하다.

저 난정의 유명한 놀이와 같이 할 수는 없지만 경하瓊河의 풍광은 지금도 옛날과 조금도 변함없이 아름답다. 친한 사람들이 술독에 둘러앉아 서로 마주보며 취할 때까지 마시며 즐겁게 이야기하는데 이런 즐거운 때 도리어 고향을 그리는 마음이 솟구친다.

江樓新晴	**갠 날 강루에서**
客樓初霽望郊原	숙소에서 막 비개인 들판을 바라보니
樹色蒼蒼鎖石門	나무가 푸르고 푸르러 석문을 막고 있네.
野水光浮新柳岸	들녘 냇물에 햇빛 떠 있고 언덕의 버들 새로우며
殘霞遠落白雲村	저녁노을 멀리지고 마을에는 흰 구름 가득하다.
江邊漁笛吹沙鳥	강가 어부의 피리 소리에 모래톱 새가 장단을 보내고
澤畔狂歌送嶺猿	연못가 제멋대로 부르는 노래에 산의 원숭이가 반응을 보내네.
宿雨漸收岩壑秀	어제부터 내리던 비 그치니, 골짜기 바위 빼어나
擬移輕屐問桃源	가벼이 나막신 신고 도원을 찾아가고 싶구나.

■ 강루江樓 : 경하瓊河 근처에 있는 유구관인가도 생각되지만, 민강의 어딘가에 있는 역루驛樓일지도 모른다. ■ 잔하殘霞 : 남은 저녁노을. 하손

하손(何遜, 466?~519?) : 중국 남조시대 양(梁)나라 시인으로, 자(字)는 중언(仲言)이다. 매화를 무척 좋아하였다. 생전에 지낸 벼슬 이름을 따라 하수조(何水曹)・하수부(何水部)・하기실(何記室)이라고도 부른다.

전기(錢起, 722~780) : 당나라 때의 시인으로 자(字)는 중문(仲文)이다. 당시 시재가 뛰어났던 대력십재자(大曆十才子) 중의 한사람으로 벼슬은 고공낭중(考工郎中)에 이르렀다. 『전중문집(錢仲文集)』을 남겼다.

전기의 「강가를 거닐며 제목 없이」는 100수이다. 그중 이 시는 29번째 시이다.

의 시에 "해질 무렵 산새는 이미 서쪽으로 날아가고, 저녁 노을 또한 절반이 사라졌네"(「저녁에 강교를 바라보며 시를 지어 소자의, 양건강, 강주부에게 보여 주다夕望江橋示蕭諮議楊建康江主簿」)라는 구절이 있다. ▪ 사조沙鳥 : 모래톱에 깃든 물새. 전기•의 「강가를 거닐며 제목 없이江行無題」•라는 시에 "모래톱 새가 놀라도록 빠르게 노를 저으며, 날아가는 석양에 파도를 흩뿌리네"라는 구절이 있다. ▪ 광가狂歌 : 우스꽝스럽게 노래함. ▪ 숙우宿雨 : 전날부터 계속 내리는 비. ▪ 경극輕屐 : 가벼운 나무로 만든 신발. 극屐은 나막신 종류. ▪ 도원桃源 : 도화원桃花源, 도원경桃源境. 속세를 떠난 평화로운 별천지. 도연명의 「도화원기」라는 문장에 의해 알려졌다. 「도화원기」에 의하면, 어떤 어부가 복사꽃이 떠서 흘러오는 냇물을 거슬러 올라가 산허리쯤에 있는 입구로 들어갔더니 맞은편에 평화로운 별천지가 있었다고 한다.

숙소 역 창문으로 보이는 교외의 비가 막 개어 사방의 풍경이 확 트였고, 역루의 석문 주변의 수목은 비를 머금어 파릇파릇하다. 들판도 냇물도 내리쬐는 햇빛에 밝게 떠오르고, 강기슭의 버들도 비에 씻겨 신선하며, 하얀 구름은 붉게 물들어 저물어가는 석양 속에 먼 마을을 자욱이 감싼다.

강기슭에서 들려오는 어부의 피리 소리에 물가의 새도 가락을 맞추어 지저귀고, 연못가에서 제멋대로 부르는 노래에 산 원숭이 소리가 섞여 있다. 어제부터 내리던 비가 막 그치니, 바위산의 자태가 확실히 보인다. 이런 풍경을 보고 있자니 가벼이 나막신이라도 신고 도원경을 방문하고 싶은 마음이 든다.

秋夜懷友	**가을밤 벗이 그리워**
風滿江樓月滿林	가을바람 강가 누각에 가득하고 달은 숲에 가득
悲秋宋玉最難禁	가을을 슬퍼한 송옥이 가장 참기 어려웠지.
蕭疎雁影庭前過	쓸쓸한 기러기 그림자 뜰 앞을 지나가고
斷續蛩聲夜半吟	끊어질 듯 이어지는 귀뚜라미 소리 한밤중에도 우네.
星斗漸移天欲曉	별이 자리를 옮겨 새벽이 되려 하고
燈火落盡酒頻斟	등불도 꺼졌는데 잇따라 술을 마시네.
幽窓此際無人到	그윽한 창가 찾아오는 사람 없는 이때에
爲憶相過話素心	서로 만나 기탄없이 이야기할 날을 생각한다.

■ 이 시도 필시 복주 유구관에서 읊은 것인 듯하다. 강루는 유구관. ■ 비추송옥悲秋宋玉 : 비추는 가을 기운에 느끼는 아픈 슬픔. 송옥의 『초사楚辭』 「구변九弁」에, '슬프다, 가을의 절기여(悲哉, 秋之爲氣也)'라고 하였다. 송옥은 굴원屈原의 제자로, 「구변」의 작자로 전해지고 있다. ■ 소소蕭疎 : 나뭇잎 등이 떨어져 외롭고 적적한 것. ■ 공성蛩聲 : 귀뚜라미가 우는 소리. 공은 귀뚜라미. ■ 성두星斗 : 별. 두는 북두 혹은 남두. ■ 소심素心 : 꾸밈없는 마음. 순수한 마음을 말함.

가을바람이 강가 누각에 가득하고, 청징한 가을 달이 밖의 숲을 비추고 있다. 그 달빛을 받으며 날아가는 쓸쓸한 기러기 그림자가 뜰을 가로지르고, 그 뜰에서는 끊어질 듯 이어지는 귀뚜라미 소리가 한밤중이 되어도 울고 있다.

하늘의 별은 자리를 옮겨 곧 새벽이 옴을 알리고, 등불의 불도 완전히 꺼져 있지만 시인 혼자 잇따라 술을 마신다. 조용한 이 방,

이 시간에 친한 친구도 찾아오지 않으니, 언젠가 서로 찾아가 만나 기탄없이 이야기할 날을 생각하면서 지금 혼자서 술을 마시고 있다.

春日病窓書懷	**봄날 병상에서 그리운 편지를 쓰다**
因疴解組久辭朝	병으로 사직하고 오랫동안 조정을 떠나
十載江頭臥聽潮	10년간 강가에 누워 조수潮水 소리 듣네.
半篋詩書供蠹盡	상자 절반이나 되는 서적은 모두 책벌레에게 내주고
百年心事向雲消	평생 마음먹었던 일도 구름처럼 사라졌네.
頻將竹葉鎖愁思	자주 죽엽주 마시며 시름을 녹이고
時託絲桐破寂廖	때때로 거문고로 적막함을 달래네.
最是不堪腸斷處	가장 견딜 수 없는 것은 창자가 끊어질 듯한 슬픔
杜鵑枝上泣通宵	두견새는 가지 위에서 밤 내내 울고 있네.

■ 인아해조因疴解組 : 병으로 사직하다. 해조라는 것은 관리의 인수印綬 끈을 푸는 것으로 관직을 그만두는 것이다. 채문부는 그의 전기傳記에서 서술한 것처럼 가슴의 병으로 젊어서 관직을 사직하였다. ■ 강두江頭 : 시인은 쿠메무라 출신으로 쿠메무라는 지금의 구무지천久茂地川과 나하항으로부터 나미노우에波の上에 걸친 해안에 둘러싸여 있다. ■ 협篋 : 장방형의 상자. 서적이나 의류 등을 넣는 상자. ■ 두蠹 : 의류나 서적에 생기는 벌레. ■ 죽엽竹葉 : 소흥紹興의 한 종류로 술 이름. 죽엽청竹葉青, 竹葉淸이라고도 한다. 여기서는 아와모리●를 말한다. ■ 사동絲桐 : 거문고의 다른 이름. 이백의 시에, '추위와 괴로움 차마 말할 수 없어, 그대 위해 오동나무 거문고를 연주하네(寒苦不忍言, 爲君奏絲桐)'(「원가행怨歌行」)가 있다. ■ 장단腸斷 : 창자가 끊어지는 것같이 괴롭고 슬픈 것. ■ 두

● 아와모리(泡盛) : 오키나와의 전통술.

견杜鵑 : 자귀새의 별명. 촉왕이 변화한 새라거나, 저승과 이승을 왕래하는 새라는 등등의 전설이 있다. ▪ **통소**通宵 : 밤을 지냄. 밤새도록.

병으로 관직을 그만둔 지 벌써 10년, 바닷가 자택에 엎드려 조수소리를 들으며 보내고 있다. 책상자의 절반이나 되는 서적도 지금은 책벌레의 먹이로 맡겨두고, 평생 마음에 두고 있던 일들도 구름처럼 사라지고 말았다.

생각대로 움직이지 못하는 답답함으로부터 오는 시름을 억누르려고 술을 마시고, 때로는 거문고로 적막함을 달래기도 한다. 그러나 그런 것으로 가슴의 울분이 다스려지는 것은 아니다. 이렇게 엎드려 있지 않으면 안 되는 것은 정말로 창자가 끊어지는 듯한 괴로운 슬픔이다. 두견새는 울면서 피를 토한다고 하는데, 그 두견새가 밤을 지새우며 울고 있다. 시인도 잠자리에 들지 못하고 울고만 있다.

石鼓秋雲	**석고의 가을구름**
石鼓秋深淡更幽	석고산에 가을 깊어 맑고도 그윽하고
白雲一望眼中收	백운동 바라보니 한눈에 들어온다.
風生海角飛濤急	바람은 바다 모퉁이에서 일어 파도를 세차게 날리고
雨過巖頭作瀑流	비는 바위 꼭대기를 지나 폭포가 되어 흘러내리네.
處處嵐光環客坐	곳곳의 이내는 나그네 주위를 둘러싸고
聲聲林鳥喚人遊	지저귀는 숲의 새는 유람객을 부르네.
怡情山水歸忘晚	자연을 즐기며 돌아감을 잊고 늦었는데
月送鐘聲出古邱	달빛이 종소리를 보내 옛 언덕에서 나오네.

■ 석고石鼓 : 복주시의 동남쪽 약 12km 쪽에 있다. 표고 918m. 주신명, 「석고산 역즉봉에 오르다」(135쪽)의 '석고역즉봉石鼓屴崱峰' 주석 참조. ■ 백운白雲 : 정상에서 보이는 하늘에 떠 있는 경치를 취한 것이지만, 여기서는 고산의 한 모퉁이에 있는 '백운동白雲洞'을 말하고 있다. 동중洞中을 흰 구름이 가득 채우고 있다고 해서 이렇게 이름 붙였다고 한다. ■ 풍생해각風生海角 : 고산의 정상은 가마솥을 엎어놓은 모양을 하고 있고, 정상에는 '천풍해도정天風海濤亭'이라는 이름의 정자가 있다고 한다. 옛날 정상에 오른 사람이 아득한 바다 하늘의 경치를 바라보고, '하늘 높이 부는 바람이 곧바로 바다의 큰 파도를 보내오네'라고 읊은 것에서 이렇게 부르게 되었다고 한다. 고산에는 또 '해음동海音洞'이라는 동굴도 있다. 그 동굴에서 들려오는 소리가 바람의 강약에 의해 파도 소리와 같은 강약의 다양한 소리를 내고 있다고 한다(黃榮燦, 『福建名勝』, 香港 : 港青出版社 참조). ■ 남광嵐光 : 산의 안개가 햇살을 받아 아름답게 빛나는 것. ■ 이정怡情 : '이'는 기뻐함으로 즐거워하는 마음을 나타낸다. ■ 종성鐘聲 : 고산의 산기슭에는 유명한 사찰 용천사湧泉寺가 있다.

고산에 가을도 깊어 산의 나무들 색은 엷고 조용하여 무르익은 정취를 자아내고, 백운동도 한눈에 쏙 들어온다. 산 정상에 오르니 바다로부터 곧바로 불어오는 바람에 파도의 물보라도 날아올 정도이고, 비가 내리니 석고의 바위 주변에서 물이 폭포를 만들어 흘러내린다.

산의 곳곳은 안개가 햇살을 받아 아름답게 빛나며, 산의 여기저기에 있는 휴게를 위한 정자를 둘러싸고 있다. 산의 이곳저곳에서는 산새가 놀고 있는 사람들을 부르는 듯 지저귄다. 이 아름다운 자연을 즐기며 무심코 돌아감을 잊고 늦었는데 달빛과 용천사의 저녁 종소리를 듣고는 산을 내려온다.

秋蝶	**가을나비**
不逐春光入上林	봄빛을 따라가지 않고 상림으로 들어가니
菊花三徑最關心	세 갈래길 국화가 가장 마음에 드네.
枝頭莫是莊生夢	가지 끝에서 장자의 꿈은 꿀 수 없지만
栩栩風生冷露深	차가운 이슬 깊은 곳에서 나풀나풀 나니 바람이 이네.

▪ **상림**上林 : 천자의 정원 이름으로 진秦나라 시대의 어원御苑. 섬서성 장안현의 서쪽에 있다. 진시황제가 만들고, 한나라 무제武帝가 더욱 넓혀 천하의 진귀한 동물과 식물을 모았다고 한다. 여기서는 보통의 상림 숲으로 보아야 할 듯하다. ▪ **국화삼경**菊花三徑 : 은자가 생활하는 소박한 정원인 듯하다. 삼경은 정원의 세 갈래 작은 길. 은둔자의 대문이나 중문 안에 있는 뜰을 말한다. 한나라 장후●가 정원에 세 갈래 길을 만들고 소나무, 국화, 대나무를 심었다는 고사에서 유래되었다. ▪ **장생몽**莊生夢 : 장자가 꿈에서 나비가 되어 즐기며, 자신과 나비의 구분을 잊었다고 하는 고사. '호접몽'이다. ▪ **허허**栩栩 : 즐거워하는 모양. 『장자』「제물론」에 "꿈에 나비가 되다. 우우하면서 나비가 되다"라고 하였다.

장후(蔣詡) : 한(漢)나라 때의 은사(隱士). 왕망(王莽) 정권 때 벼슬을 사직하고 향리에 은둔한 뒤, 집안의 대나무숲 속에 세 갈래 길을 내어 놓고 친구 양중(羊仲), 구중(裘仲)과 서로 왕래하였다.

봄의 햇살을 따라가지 않고 상림으로 들어가니 국화 피는 소박한 은자의 정원이 가장 마음에 드는 장소이다.

나뭇가지 곁에 머물러 있는 나비는 저 장자의 꿈에 나오는 나비의 환상적인 아름다움은 아니지만 그러나 가을바람 속에 차가운 이슬 내린 정원을 즐거워하며 빙빙 날고 있다.

喜雨	**비를 기뻐하며**(5수 중 제1수)
旱魃爲殃久似焚	가뭄이 재앙이 되어 오래도록 불타는 듯한데
甘露今見喜紛紛	감로같은 비 내리자 기쁨에 뒤엉켜 춤추네.
苗承潤澤回青色	싹은 흠뻑 물을 맞아 푸른빛을 회복했고
草得沾濡染綠紋	풀은 비에 젖어 푸른 잎으로 물들었네.
憂國君王應解慍	나라를 근심하던 국왕도 얼굴이 풀어지고
務農田父已生欣	농사에 힘쓰던 농부들도 기쁨이 넘치네.
吾邦喜雨亭新築	우리나라에 희우정을 새로 짓고
欲請歐公作記文	구양수에게 청하여 기문을 짓고 싶네.

▪ 한발旱魃 : 가뭄. 오키나와의 태풍과 가뭄은 예나 지금이나 변함없이 자연의 장난이 되어 시인이 살았던 시대에도 굶어죽는 사람이 나올 정도의 가뭄과 기근이 일어나고 있었다. 『구양球陽』의 기록에 의하면 1696년(상정 28) 시인은 25세로 중국 유학에서 귀국하여 왕부에서 사서와 『통감』 등을 진강하고 있던 때인데 이때도 가뭄이 있었다. 1709년(상정 41)은 시인이 38세 때인데 이때 가뭄은 더욱 심한 상태였다. 시인은 34세 때 병으로 사직하였는데 아마도 그가 아직 수리의 왕성 내에서 진강하고 있던 때인 25세 때의 가뭄의 모습을 읊고 있다고 생각된다. 비를 받아 사방의 식물이 생기를 되찾는 모습을 바라볼 수 있는 것은 쿠메무라에 누워 있다기보다는 수리의 높은 대에서 조망하는 것이 어울린다. 이를

테면 1696년 가뭄의 모습에 대해 『구양』에서는 다음과 같이 기록하고 있다. '비를 기원하면서 동시에 시신을 수습해 묻는다. 춘3월 사이에 가뭄이 심하여 논밭이 말랐다. 여러 차례 단을 만들어 기우제를 지냈지만 효과가 없었다. 왕이 지념知念과 옥성玉城에 행차해서 지성으로 비를 빌어도 끝내 비는 내리지 않았다. 이로 말미암아 왕이 인자함을 들어내어 죽은 백성에게 은택을 내려 수리・토마리泊・쿠메무라・나하 등 여러 도읍으로 하여금 사람의 시신을 산과 들에 투기하여 햇볕에 노출된 것을 모두 땅속에 묻게 했다. 그러자 수일이 지나지 않아서 구름이 사방들에서 일어나더니 주룩주룩 큰비가 내렸다.'(『구양』 권8) ▪ **감로**甘露 : 생명체에게 좋은 이슬. ▪ **분분**紛紛 : 이리저리 흩어지는 모양. 많은 모양. 비가 내리는 것을 기뻐하는 사람들의 모습. ▪ **윤택**潤澤 : 물기를 머금어 수분이 가득함. ▪ **첨유**沾濡 : 첨도 유도 물기가 가득하다는 뜻. ▪ **구공**歐公 : 구양수歐陽修(1007~1072). 송나라 정치가이자 문장가로서 알려져 있다. 당송팔대가의 한 사람으로 왕안석과 대립하여 사직했다.

오랜 가뭄의 재앙이 계속되어 하늘도 땅도 뜨거운데 기다리고 기다리던 비가 내리자 사람들은 서로 뒤엉켜 비를 기뻐하며 춤추고 있다. 논밭의 싹은 흠뻑 물을 먹고 푸르고 푸르게 생기를 찾았고, 풀과 나무는 비에 젖어 푸름으로 산뜻해졌다.

사람들의 생활을 걱정하던 국왕의 어두운 얼굴도 풀어지고, 농사에 힘쓰던 사람들도 기쁨에 벅차하고 있다. 국왕은 이 오랜만의 은혜로운 비를 가상히 여겨 희우정喜雨亭을 새로 짓고 구양수와 같은 훌륭한 문인에게 부탁하여 그 기문을 쓰게 하고 싶다고 한다.

喜雨	**비를 기뻐하며**(5수 중 제3수)
雲出江山入太空	구름이 강과 산에서 나와 하늘로 가더니
散爲霢霂逐東風	흩어져 가랑비 되어 동풍을 일으키네.
蛟龍已渙垂天澤	교룡이 비를 머금어 은혜로운 비가 내리니
鶯燕同吟匝地功	새들도 즐거워 다함께 노래하네.
片片花開青野外	한 잎 한 잎 꽃이 피어 들판도 푸르며
茸茸草滿綠池中	푸릇푸릇 풀들은 연못 가득 우거졌네.
勞心不用絲毫力	마음으로 애쓸 뿐, 조금의 힘도 보태지 못하고
佇見西郊兆歲豊	우두커니 서서 서쪽 밭의 풍년 조짐을 바라보네.

▪ **맥목**霢霂 : 맥은 맥霡의 속자. 맥도 목도 모두 가랑비이다. 『시경』「소아」「신남산信南山」에, '가랑비가 내린다. 넉넉하고 촉촉이(益之以霡霂, 既優既渥)'라는 구절이 있다. 그리고 그 주석에, '가랑비를 맥목이라고 한다'라고 하였다. 「소아」「신남산」은 밭을 개간하고, 그 밭에 비가 내려, 열매가 풍부하게 열리는 것을 기원하는 내용으로 되어 있다. ▪ **동풍**東風 : '동풍이 불면 곧 비가 내린다'는 것이다. 함곡관의 동쪽에서는 동풍이 불면 비가 된다고 말한다. ▪ **교룡**蛟龍 : 이무기와 용. '교룡이 비구름을 부른다'는 말은 용이 비구름을 타고 하늘에 올라가는 것. ▪ **환**渙 : 물이 가득한 모양. ▪ **천택**天澤 : 하늘의 은혜. ▪ **잡지**匝地 : 잡은 잡帀과 같다. 두루 미친다는 뜻이며 골고루 땅에 내린다는 것. ▪ **용용**茸茸 : 풀이 왕성하게 우거진 모양. ▪ **사호**絲毫 : 조금인 모양. 아주 조금. ▪ **저견**佇見 : 우두커니 서서 봄.

구름이 강과 산에서 솟아나 하늘에 가득 하더니 사방에 넓게 퍼지며 가랑비가 되어 동풍을 일으킨다. 이무기나 용은 왕성하게 내리는 비를 타고 춤추며 하늘로 오르고, 하늘에서 은혜로운 비가 내리니 새들도 즐거워 다함께 노래한다.

은혜로운 비를 받아 들판에는 들꽃이 피고, 연못의 푸른 풀도 활기차게 우거진다. 시인은 단지 마음만 수고로울 뿐, 비를 내리게 하는데 조금의 힘도 내지 못하고 자연의 위대함에 탄복하면서 우두커니 서서 서쪽 밭이 이미 풍년의 조짐을 보이는 것을 즐거워하며 바라보고 있다.

喜雨	**비를 기뻐하며**(5수 중 제5수)
東風三日沛甘露	3일간 동풍이 불더니 감로의 비가 내리고
論價無貲直雨金	값을 따질 수 없으나 한 방울이 금이라 하겠네.
禾黍更靑盈隴畝	벼와 기장 다시 푸르러 밭이랑에 가득하고
竹松添翠滿山林	대나무 소나무 더욱 푸르러 산림에 가득하네.
園中潤氣催花發	동산도 촉촉이 젖어 꽃피기를 재촉하고
檻外繁聲促鳥吟	난간 밖 무수히 내리는 빗소리는 새소리를 재촉하네.
靜聽巖泉鳴漸大	조용히 들으니 바위사이 물소리가 점점 크게 들려
愁塵洗盡起歡心	근심의 티끌이 모두 씻겨 즐거운 마음이 일어나네.

▪ **동풍**東風 : 동풍이 불면 곧 비가 내린다. 「비를 기뻐하며」 제3수(162쪽)의 주석 참조. ▪ **패**沛 : 비가 세차게 내리는 모양. ▪ **감로**甘露 : 「비를 기뻐하며」 제1수의(160쪽) 주석 참조. ▪ **화서**禾黍 : 벼와 기장. 곡물의 종류를 총칭한 것. ▪ **농무**隴畝 : 농도 무도 이랑과 밭. ▪ **함외**檻外 : 난간이나 격자문 창의 바깥.

비를 머금은 동풍이 3일 연속되더니 은혜로운 비가 세차게 내린다. 이 감사함은 어떤 보물과도 비교하기 어려워 비 한 방울, 한 방울이 그대로 금이라고 말할 정도이다. 곡물은 다시 생기를 찾아 푸름이 밭에 가득하고, 대나무와 소나무도 푸른색을 더욱 선명히 하여 산림에 가득 차 있다.

동산도 촉촉이 젖어 꽃이 피는 것을 재촉하는 듯하고, 난간 밖에서는 무수히 내리는 빗소리에 새가 지저귀는 소리가 들려온다. 귀를 기울이면 바위 사이로 솟아나는 샘물 소리도 비 덕분에 점점 크게 되어 마음의 근심과 티끌도 완전히 씻겨 가고, 온몸으로부터 기쁨이 넘치는 것을 느낀다.

寄奧山陰隆渡寺心海上人 오산 북쪽 융도사의 심해 스님에게 부치다

吾師建刹祝君王	우리 스님 사찰 건립 국왕을 축하함이니
卓錫名山作道場	사찰은 명산으로 훌륭한 도량이 되리라.
蛇引子孫歸別洞	뱀은 자손을 이끌고 다른 동굴로 가고
鷗呼儔侶泛前塘	갈매기는 짝을 부르며 앞의 못에 떠가네.
疎鐘遠鳥塵埃絶	성근 종소리 멀리 나는 새, 세속과 떨어져
古柏當窓景物凉	늙은 잣나무 창가에서 서늘한 풍경을 만드네.
幾欲期遊遊未得	몇 번이나 유람하려고 했으나 가지 못하고
夢魂先已到經堂	꿈속에서만 방문했던 이 사찰.

▪ **오산**奧山 : 지금의 나하시 오무산奧武山. "나하강 안에 있는 작은 섬으로 동쪽으로는 수리성을 바라보고, 남쪽으로는 풍견성豊見城을 끌어안으며, 나하의 시가지 역시 두 눈 속에 들어온다. 산 위에 소나무가 많고,

소나무는 모두 기이한 풍경이다(東恩納寬惇, 『南島風土記』)." ▪ **융도사**隆渡寺 : 오무산에 있는 용동사龍洞寺. 파상산 호국사의 은거사隱居寺로 심해 승님心海上人이 그 터를 열었다. 심해 스님은 고덕으로 명성이 높은 고승이다(『南島風土記』 참조). ▪ **축군왕**祝君王 : 용동사가 창건되던 해는 상익왕이 재위한 지 겨우 3년 만에 35세의 젊은 나이로 서거한 다음 해(1713)이다. 상익의 뒤를 이어 즉위한 이는 14세의 상경왕尙敬王이었다. 그 젊은 왕의 즉위를 축하한다는 의미이다. ▪ **탁석**卓錫 : 불교 용어로 석장錫杖을 세운다. 유행遊行하는 승려가 머문다는 것을 말한다. 전하여 승방僧坊, 승암僧庵을 말한다. ▪ **도량**道場 : 불교 또는 도교를 수업하는 곳. ▪ **사인자손귀별동**蛇引子孫歸別洞 : 이 구절에는 '오산은 원래부터 뱀이 많았는데 지금 선사가 머무르면서 모두 피해갔다'라는 원주原注가 있다. ▪ **진애**塵埃 : 먼지나 더러움. 세속의 더러움.

시인이 친하게 지내고 있는 심해 스님은 이렇게 새로운 절을 세워서 새로 왕이 된 상경왕의 즉위를 축하했다. 새로 완성된 절은 명산이라고 불릴 정도로 훌륭한 수업 도량이 될 것이다. 일찍이 이 주변 일대에 많이 있던 독사毒蛇도 심해 스님이 용동사를 건립하자 이곳에서 다른 동굴로 이동하고, 맞은편 냇가의 둑에는 물새가 벗들과 나란히 떠 있다.

종소리와 아득히 저 멀리 날아가는 새들의 모습을 보고 있으면 이 땅이 세속과 멀리 떨어져 있음을 느끼는데, 늙은 잣나무는 창문에서 멀지 않은 곳에서 서늘한 풍경을 보여 준다. 몇 번이나 이곳을 방문해 보고 싶다고 생각하면서 오늘까지 실현하지 못하고 다만 꿈속에서만 방문했던 사찰을 오늘에야 올 수 있었다.

延賢橋	연현교(「동락원팔경同樂園八景」)
江芷汀蘭映水青	물속의 구릿대와 물가의 난초가 물에 비쳐 푸르고
風飄香氣到前庭	바람이 향기를 날려 앞뜰까지 전해오네.
曾傳東閣招賢地	일찍이 전하기를 동각은 현인을 초대했던 곳
可勝圜橋聚德星	둥근 다리는 덕 있는 사람들이 모여드는 것 감당하리.

▪ 동락원同樂園 : '구장천久場川에 있으므로 속가에서는 구장천의 어전御殿이라고 말한다. 상씨尙氏의 별업이며 상정왕尙貞王의 세자 상순尙純이 경영한 곳으로 '여민동락與民同樂'의 의미를 취하여 이름 붙였다고 한다. 「사구기事舊記」를 보면 남원南苑이라고도 하는데, 이록李錄의 『국왕신역금명國王新易今名』에 의하면 남원은 상온尙溫이 명명했다고 한다. 상정왕 대의 〈수리고도首里古圖〉에 이 땅에 주석을 붙이기를 '중성어전어채원소中城御殿御菜園所'라고 하였다. 그렇다면 상정왕 이전까지 중성전 부속 장원莊園이었던 것을 이 시대에 별업으로 지은 것 같고, 상경尙敬도 어린 시절을 이곳에서 지냈다고 하는 전설도 있다'(東恩納寬惇, 『南島風土記』). 또 『사본당시문집』의 제일 앞에는 '동락원서응령同樂園序應令'이라는 한 문장이 수록되어 있고, 「동락원팔경」도 이것과 같은 시기에 지어진 것이라고 생각된다. 여기에는 '갑진년歲在甲辰 옹정 2년雍正二年 봄仲春'이라고 그 제작년도가 기록되어 있으니, 1724년(상경 16) 시인이 53세 때이다. 한편 '동락원'이라고 하는 것은 『맹자』 「양혜왕 하」편의 '백성과 즐거움을 함께한다'는 '여민동락'에서 취한 것이다. 국왕의 가장 큰 기쁨은 백성과 함께 즐기는 것이라는 것에서 연유하여 붙여진 말이다. ▪ 연현교延賢橋 : '동락원서응령同樂園序應令'에 "하늘에 넓게 퍼져 긴 무지개 같은 것은 연현교라네"라고 쓰여 있다.

동산 가운데에 있는 다리에 이름을 붙인 것이지만 현자를 불러들이는 다리라는 것은 또한 솔직한 느낌이 든다. 아마 국왕과 나라를 운영하는 여러 가지에 대해 의논할 현자를 모우고 싶다는 마음이 포함되어 있는 듯하다. ■ 지芷 : 구릿대. 물에서 돋아나는 일종의 향초로 여름에 담황색의 꽃이 피고, 뿌리는 약용으로 쓴다. ■ 정란汀蘭 : 정은 물가, 물가에 솟아나 있다. 난은 벌등골나물로 가을에 연보랏빛의 꽃을 피운다. 지芷나 난은 그 향기가 사람 내면의 아름다움을 상징하는 것으로서 『초사』 등에 자주 사용되었다. ■ 동각東閣 : 현인을 초대하기 위해 동쪽에 작은 문을 열다. 양梁나라 하손何遜이 동각을 열고 문인을 초대해서 매화를 감상했다는 고사와 전한前漢의 공손홍公孫弘이 동각을 열어 빈객을 초대했다는 고사 등이 알려져 있다. ■ 환교圜橋 : 둥근 다리, 아치형의 다리를 형용한 것이다. ■ 취덕성聚德星 : '덕성취德星聚'이다. 덕성은 도덕이 있는 사람으로 현인의 상相이 모여 있는 것을 말한다. ■ 『가보』에 인용되어 있는 시에서는 결구가 '이 다리는 덕 있는 사람들이 모여드는 것 감당하지 못하리(未勝斯橋聚德星)'라고 되어 있어, '동각'의 고사에 나오는 이야기보다도 여기 연현교 쪽이 뛰어났다고 말한다.

물속의 구릿대와 물가의 난초가 그 향기를 풍기며 물에 비치어 푸르고 푸르다. 바람이 지나가면 그 향기가 앞뜰까지 옮겨 온다.

일찍이 동각을 열어 현인을 초대하고, 매화를 감상했다는 이야기가 전해오고 있지만 여기 연현교 곁의 풍경도 동각과 닮아 멋지니, 분명 덕 있는 사람들이 모일 것임이 틀림없다.

恤農壇	휼농단
明王軫念草萊民	영명한 왕은 농부들의 고통을 가엾게 여겨
時上農壇望畝頻	때때로 휼농단에 올라 논밭을 자주 살피네.
省斂省耕行補助	밭갈이와 수확을 살펴 보충하고 도우니
海邦無島不生春	유구의 섬들은 봄이 온 듯 활기가 가득하네.

▪ 휼농恤農 : 농민을 가엾게 여겨 위로하는 것. ▪ 진념軫念 : 마음을 볶는 것으로 진은 괴로움이고, 념은 생각을 의미. ▪ 초래草萊 : 황폐한 땅이나 논밭과 들을 말한다. ▪ 무畝 : 밭이랑. 여기서는 논과 밭을 말한다. ▪ 성렴성경省斂省耕 : 천자가 순유巡遊하며 농경을 시찰하고 수확을 보는 것이다. '성렴'은 수확을 순시巡視함이고, '성경'은 경작을 순시하는 것이다. 『맹자』「양혜왕 하」편에 "봄에는 밭갈이를 살펴 부족함을 보충하고, 가을에는 거두어들임을 살펴 부족한 것을 돕는다(春省耕而補不足, 秋省斂而助不給)"라는 말이 있다. ▪ 해방海邦 : 바다 가까이 있는 나라로 여기서는 유구를 뜻한다. ▪ 이 시의 결구도 『가보』에는 '유구의 섬마다 모두 봄이 돌아오네(海邦島島盡回春)'라고 되어 있다.

영명한 왕 상경은 항상 이름 없는 농부의 고충을 마음에 새겨두고 언제나 휼농단에 올라 농업 상황을 살펴본다.

이와 같이 왕은 직접 농경의 모습이나 수확의 모습을 시찰하고, 여러 가지 부족한 것을 보충하고 돕게 한다. 그 때문에 농부도 더욱더 농업에 힘써 유구의 섬들은 봄이 온 것처럼 활기가 가득하다.

望春臺	망춘대
臺上新晴宿霧披	대 위 짙은 안개 흩어지니 산뜻하고
鸞旗掩映日遲遲	천자의 깃발이 대를 덮어 봄날의 해는 천천히 가네.
春和淑氣催黃鳥	봄의 온화한 기운이 종달새의 노래를 재촉하니
正是農工播種時	바로 지금이 농부가 파종하는 때.

▪ 망춘대望春臺 : '동락원서응령同樂園序應令'에 "그 가운데에 산의 높음과 같고, 고개의 빼어남과 같으며, 형세는 하늘을 능가하는 것은 망춘대라네"라고 하였다. ▪ 숙무宿霧 : 전날 밤부터 자욱한 안개. ▪ 난기鸞旗 : 난새의 수를 놓은 깃발로 천자의 깃발. 난은 봉황의 한 종류로 신조神鳥의 이름이다. 천자의 물건 앞에 붙이는 단어이다. ▪ 엄영掩映 : 덮어서 보이지 않도록 함. ▪ 지지遲遲 : 천천히 나아감으로 느긋한 모양. 『시경』「빈풍」「칠월」에 "봄날의 해는 천천히 가네"라는 것이 있다. ▪ 숙기淑氣 : 봄의 온화한 기운. ▪ 황조黃鳥 : 휘파람새와 닮은 조금 큰 새이며, 휘파람새의 다른 이름이기도 하다. ▪ 『가보』에 있는 작품은 승구承句가 "수레가 임했으니 어찌 이 시를 짓지 않으리요(駕臨豈是爲敲詩)"라고 되어 있고, 결구도 "농공의 파종 때를 보고 싶구나(欲望農工播種時)"라고 되어 있다.

망춘대 위는 어제 저녁부터 자욱했던 안개가 사라져 시계가 밝게 열렸다. 천자의 깃발이 펄럭이며 대 위를 덮고, 봄날의 해가 화창하게 비치고 있다.

봄의 온화한 기운에 끌려서 종달새가 지저귀는 소리도 난다. 이 시절은 농부가 봄 파종을 하기 딱 좋은 때이다.

洗筆塘 **세필당**

一曲銀塘供洗筆	한 모퉁이 은당에 붓을 씻으니
光浮星斗自成文	별이 떠 있는 듯 한 반짝임이 절로 무늬를 이루네.
金鱗列隊爭呑墨	금빛 물고기 줄지어 다투어 먹을 삼키니
彷彿龍宮獻彩雲	용궁에 아름다운 종이에 쓴 글을 헌상하려는 듯하네.

▪ 세필당洗筆塘 : 붓을 씻어 맑게 하는 연못으로 중국에는 '세필천洗筆泉'·'세필지洗筆池'가 실제 있다. 『백공육첩白孔六帖』에 "백낙천은 시 한 수를 이루면 곧 그 붓을 씻는다"고 하였다. 문인 묵객이 모여서 어울리는 곳에 있다. ▪ 금린金鱗 : 금빛의 비늘. 아름다운 물고기를 뜻한다. ▪ 채운彩雲 : 여기서는 '채운전彩雲箋'의 의미이다. 구름 모양이 장식된 종이.

구불구불 흐르는 아름다운 냇물의 연못은 문인 묵객의 붓을 씻는 곳. 반짝반짝 비쳐 마치 별이 떠 있는 것처럼 아름다운 파문을 그린다.

그 가운데 아름다운 고기가 줄지어 다투어 붓에서 나오는 먹을 마시니 마치 용궁에 아름다운 종이에 쓴 문장을 헌상하려는 듯하다.

觀海亭 **관해정**

峰高路轉欲淩雲	높은 봉우리길 구불구불 구름을 뚫고 가려는 듯
亭上風光自不群	정자 위에서 보는 풍경은 비교할 것이 없네.
縱目遠觀滄海外	멀리 푸른 바다 너머를 바라보노라니
登臨何異讀奇文	이곳에 오름이 기이한 문장을 읽는 것과 무엇이 다르랴.

■ 관해정觀海亭 : 바다를 바라보는 정자. '동락원서응령同樂園序應令'에는 "주렴은 동풍을 말아 올리고, 구름은 굽은 난간에 생기니 일대의 창망함은 관해정"이라고 하였다. ■ 종목縱目 : 멀리 바라보다. ■ 기문奇文 : 뛰어난 문장.

높은 봉우리의 길을 구불구불 오르니 마치 하늘에 닿는 듯하다. 관해정 위에서 바라보는 풍경은 정말 비교할 것이 없을 정도이다. 눈을 가늘게 뜨고 멀리 푸른 바다 주변을 바라보니 여기에 올라 이 풍경을 바라보는 것은 뛰어난 문장을 읽는 즐거움과도 같다.

翠陰洞	취음동
人間似隔紅塵外	세상과 떨어진 번거로운 세상 밖인 듯하여
錯認桃源有路通	도원으로 가는 통로가 있다고 착각하네.
陰鎖洞門閒寂寂	그윽하고 깊은 동굴문은 한가로이 쓸쓸한데
惟餘鶴夢月明中	오직 달 밝은 밤에 학의 꿈만 여유롭네.

■ 취음동翠陰洞 : '동락원서응령同樂園序應令'에 "바위굴 그윽하고 깊은데 있으니, 더위를 피해 견딜 만한 곳은 취음동이라네"라고 하였다. ■ 인간人間 : 인간 세상. ■ 홍진紅塵 : 속세의 번거로운 세상살이, 번거로운 속계를 말한다. ■ 도원桃源 : 도원경桃源境. ■ 적적寂寂 : 쓸쓸한 모습. ■ 학鶴 : 두루미. 우는 소리가 고상하며, 천년의 수명을 가지고 있다고 한다.

여기 취음동은 속세에서 멀리 떨어져 번거로운 세상 밖에 있는 듯하다. 이 동굴을 빠져나가면 도원경으로 가는 통로가 아닐까 하는 착각을 할 정도이다.

그윽하고 깊은 동굴문은 인기척도 없이 고요하여 단지 그 모습이 아름답고 천년의 수명을 지닌 학이 달빛 가운데를 나는 것을 꿈에서 본 것 같은 기분이 든다.

摘茶巖	**적다암**
香出瓊樓閬苑種	향기가 누각에서 나오니 신선의 땅에 심은 차일터
長承雨露葉蒼蒼	오랫동안 비와 이슬 견뎌 잎이 푸르고 푸르네.
春來每向巖頭摘	매년 봄이 되면 적다암에 올라 차를 따서
先製龍團獻我王	먼저 용단을 만들어 우리 왕에게 바친다.

▪ 경루瓊樓 : 경은 옥으로, 아름다운 누각을 의미한다. ▪ 낭원閬苑 : 신선의 거처. ▪ 용단龍團 : 높은 등급의 차茶로 용봉단龍鳳團 · 용봉차龍鳳茶라고도 한다. 송나라 인종 때 만든 단차團茶이다. 압착하여 용봉의 문양을 만든다. ▪ 『가보』에는 결구의 '아왕我王'이 '국왕國王'으로 되어 있다.

차나무의 향긋한 향기가 누각 주변에서 전해오니 신선이 사는 땅에서 자란 차라고 생각할 정도이다. 오랫동안 비와 이슬 맞은 차나무는 푸르고 푸르게 우거졌다.

매년 봄이 되면 적다암에 올라 차를 따서 먼저 최상품의 차를 만들어 국왕에게 드린다.

種藥堤	**종약제**
聞道仙家延壽草	선가에 수명을 늘이는 풀 있다고 듣고
移栽堤上自成叢	둑 위에 옮겨 심어 절로 무리를 이루었네.
莫教劉阮長來採	유신과 완조가 계속 와서 캐지 못하게 하라
留與君王佐藥籠	남겨서 임금님 약상자를 채워야지.

▪ **종약제**種藥堤 : '동락원서응령同樂園序應令'에 "어지러이 날리는 향기로 백가지 꽃이 빼어남을 자랑하는 것은 시약원蒔藥園이네"라고 하였다. ▪ **연수**延壽 : 수명을 늘리다. 오래 살다. ▪ **유완**劉阮 : 후한시대의 유신劉晨과 완조阮肇가 천태산에 들어가 선녀를 만나 머문 지 반년이 되어 돌아왔더니 이미 10세世가 지나 세상은 완전히 변해 있었다고 하는, 산의 우라시마 타로●와 같은 이야기에 의한 것이다. 유신과 완조가 천태산에 들어가서 선도仙桃를 먹고 수명을 늘였다. ▪ **약롱**藥籠 : 약을 넣는 상자.

우라시마 타로(浦島太郎) : 유명한 일본 설화로 1918 키타야마 세이타로(北山清太郎, 1888～1945)에 의해 영화(〈浦島太郎〉)로도 만들어졌다. 거북이를 도와준 은혜로 용궁에 간 우라시마 타로는 용궁에서 향응을 받으며 행복한 며칠을 보냈다. 그리고 귀향할 때, "열어보지 말라"는 다짐을 하고 준 옥상자를 받았다. 그러나 고향에 돌아오니 용궁에서의 며칠이 수십 년이 지나 있었다. 실의에 빠진 그는 호기심에 옥상자를 열었다. 그 순간 그는 백발의 노인으로 변했다.

듣건대 종약제에는 선인에게 있는 수명을 늘리는 약초가 있다고 하니 신선이 사는 곳에서 옮겨 심은 것이 성장해서 자연히 풀밭이 되었다.

이 귀중한 약을 저 유신과 완조와 같은 속인에게 캐어가게 할 수는 없으니 소중하게 해서 임금님 약상자를 풍부하게 하여 장수에 도움이 되게 하려 한다.

徐太史枉過四本堂誌喜　서태사가 사본당을 방문한 기쁨을 쓰다

閭巷蕭蕭一草堂	좁은 마을의 쓸쓸한 작은 초가에
翹翹旌旆下寒鄕	높이 깃발 휘날리며 가난한 마을로 찾아주셨네.
村僮也識朱輪客	마을 아이들도 붉은 수레의 손님을 알고 있으니
咸道文星載路光	훌륭한 문인의 수레가 길도 빛나게 한다고 말하네.

▪ 서태사徐太史 : 1719년(상경 7)에 도래했던 책봉사 서보광이다. 시인 채문부와 서보광이 증답한 시가 많다. 채문부는 당시 아직 50세가 되지 않았지만 병으로 관직을 그만두고 쿠메무라의 자택에 틀어박혀 지낸 시간이 이미 10년 이상이 된 무관無冠의 선비에 불과했다. 그런데 서보광이 채문부의 집을 일부러 방문하였으니 뜻밖의 기쁨이 있었음에 틀림없다. 채씨가 쿠메무라에서 명문가인 것도 서보광이 방문한 이유이겠지만, 서보광은 유구에 온 책봉사 가운데서도 손에 꼽을 수 있는 문장가로 정순칙을 중심으로 하는 당시의 유구 시인과 수많은 시를 주고받았다. 수리・나하・쿠메무라의 시인은 물론 멀리 나고의 승려가 있는 곳까지 방문하였다. 그러므로 유구의 문인들이 받은 자극은 꽤 컸다고 생각된다. 이것으로 보면 채문부를 방문한 것은 그의 가문의 명성이 높았기 때문이라기보다도 시인으로서의 재능에 이끌렸다고 할 수 있다. 어쨌든 요양 중인 시인의 기쁨을 충분히 알 수 있다. ▪ 여항閭巷 : 마을의 통로. ▪ 소소蕭蕭 : 쓸쓸한 모습. ▪ 초당草堂 : 풀로 엮은 변변찮은 집. 자신의 집을 겸손하게 이르는 말. ▪ 교교翹翹 : 높은 모양. ▪ 정패旌旆 : 깃발. 정기旌旗와 같은 깃발의 총칭. ▪ 동僮 : 아이. 원복元服, 즉 성년식을 하지 않은 15세 미만의 아이. ▪ 주륜朱輪 : 붉게 칠한 차량으로 고귀한 사람이 타는 차. ▪ 문성文星 : 문운文運을 관장하는 별 이름. ▪『가보』에서는 '교교翹翹'

가 '표표飄飄', '야也'가 '시始', '재로광載路光'이 '십리광十里光'으로 되어 있다.

시인의 집은 쓸쓸한 마을 가운데의 보잘 것 없는 집이다. 그런 곳에 서태사는 책봉사의 깃발을 높이 휘날리며 일부러 와 주었다.

마을 아이들조차 이 붉게 칠한 멋진 수레가 신분이 고귀한 분이 타는 것임을 알고 있다. 그러므로 마을 사람들은 저마다 훌륭한 문인의 수레가 이쪽으로 오니 길도 빛난다고 말하고 있다.

8

채조공蔡肇功

(사이초우코우, 1656~1737)

조력관造曆官이며, 시인이다. 호성친방湖城親方이라고도 한다. 어릴적 이름은 사오랑思五郎이며, 호는 소재紹齋이다. 채사명蔡嗣明의 장남으로 쿠메무라에서 태어났다. 1703년(상정 35) 정의대부, 1706년 신구좌申口座, 1721년 자금대부紫金大夫, 親方로 승진했다. 1673년부터 1704년까지 총관總官·존유통사存留通事·소당선통사小唐船通事·역법학습曆法學習·정의대부 등의 직책으로 5번 청나라를 여행했다. 특히 1679년부터 3년 반 중국 복건성에 머물면서 역법을 배우고, 귀국 후『대청시헌력大清時憲曆』(중국 청대의 정식 력曆)을 처음으로 인쇄해서 유구에 널리 알렸다.

시집으로『한창기사寒窓紀事』가 있다. 현재 볼 수 있는 텍스트는 1873년에 판각한 것으로 이것은 1705년에 나온 구판舊版을 채대정蔡大鼎이 다시 간행한 것이다. 모두冒頭에 있는 복건의 친구 임이任伊의 서문은 1681년 여름에 쓴 것으로,『중산시문집』소재의 여러 문집과 같은 모양으로 시집을 정리한 것은 오래된 방식에 속하는 것이다. 그러나 수록 작품은 35제 38수로 적다. (『沖繩大百科事典』, 沖繩タイムス社, 1983, '蔡肇功' 항목 참조)

遊鼓山	**고산에서 놀다**(2수 중 제1수)
十里松陰一路幽	십 리의 소나무 그늘 길이 그윽하고
層層雲氣眼中收	층층의 구름 기운 눈 속에 들어오네.
風鳴石鼓千峯響	바람은 석고를 울려 많은 산봉우리 울리고
水湧銀濤萬壑秋	물은 은색의 파도를 일으켜 온 골짜기가 가을이네.
山鹿何心眠野寺	산의 사슴은 어떤 마음으로 절에서 잠잘까

海門無際渺滄洲	바다 문은 끝없어 아득한 창주라네.
登臨盡是思鄉景	고산에 올라 보면 모두다 고향 풍경만 생각나
極目中山起百憂	눈을 뻗어 중산을 보니 온갖 근심이 일어나네.

▪ 고산鼓山 : 복주시 동남쪽 12km 쪽에 있는 산이다. 상세한 것은 주신명, 「석고산 역즉봉에 오르다」(135쪽)의 '석고역즉봉' 주석 참조. ▪ 층층層層 : 구름이 몇 겹이나 겹쳐 있는 모양. ▪ 야사野寺 : 교외에 있는 절. 고산의 산중턱에는 유명한 용천사湧泉寺가 있다. ▪ 창주滄洲 : 푸르고 푸른 물가의 호숫가. 신선이나 은자가 사는 곳. 여기서는 고산에서 보이는 동쪽의 바다에 보이는 섬을 말한다. ▪ 중산中山 : 유구.

십 리나 될 것이라고 생각되는 고요하고 으슥한 길은 소나무가 그늘을 만들고, 여러 겹으로 겹쳐진 구름 기운이 산을 에워싸고 있음이 보인다. 바람이 불면 산 정상에 있는 석고石鼓가 주변 산들을 울리고, 솟아나는 샘물은 이곳저곳 골짜기에서 은색의 물보라를 일으킨다.

산의 사슴은 어떤 마음가짐으로 사찰의 경내에서 자고 있는 것일까. 고산에서 곧바로 아래로 흘러 민강으로 흘러나오는 주변은 밖을 향하여 끝없고, 향하는 그곳에는 신선이라도 살고 있을 듯 한 섬들이 보인다. 이런 고산에 올라 동쪽을 바라보면 보이는 것은 모두 옛 마을의 풍경같아 눈이 닿을 수 있는 한 고향 오키나와의 주변을 보고 있으면 다양한 근심이 일어난다.

望人不來	사람을 기다려도 오지 않네
盻望伊人處	그 사람이 오는 곳을 주시해서 보고 있으니
遙聞一笑聲	멀리서 웃음소리가 들린다.
往來猶不似	오가는 사람 속엔 닮은 이 없으니
感慨豈能平	내 마음 어찌 평안할 수 있으리.
窓裏蘭空滿	방안에는 난초가 헛되이 가득하고
爐中茗自淸	이로리囲爐裏에서는 차가 절로 맑네.
莫爲寒路遠	추운 길을 멀다 하지 말고
隨意出高城	마음 가는대로 고성으로 와 주세요.

▪ 혜盻 : 한을 품고 본다. 노려보다. ▪ 명茗 : 차茶. ▪ 고성高城 : 성은 도시 가운데, 고는 그것의 미칭이라고 생각된다. 기다리고 있는 사람의 장소를 존칭한 말.

지금일까, 지금일까, 그 사람이 오는 곳을 주시해서 보고 있으면 멀리서 사람의 웃음소리가 들린다. 그렇지만 오는 사람의 모습 속에 그 사람은 없어 마음은 평온하지 못하다.

방 안에는 난초 꽃이 헛되이 객을 기다리고, 이로리•에서는 향긋한 차가 향기를 내뿜는다. 이러한 시골 길을 멀다고 말하지 말고 부디 마음 가볍게 와 주기를 바란다.

이로리(囲爐裏) : 거로리(居爐裏)라고도 표기한다. 집 안에 항구적으로 설치하는 화로의 일종이다.

歲旦	**새해 아침**
日月如梭瞬息移	세월은 북과 같아 순식간에 옮겨가고
看來春色尙參差	보이는 봄빛은 저마다 다르네.
堤邊嫩柳含烟翠	둑의 버들개지는 안개를 머금어 푸르고
窓外薰風送暖奇	창밖의 훈풍은 따뜻함을 보내 주어 특별하네.
黃鳥媚欺琴瑟和	꾀꼬리의 재잘거림은 거문고 소리의 조화인 듯
白梅嬌奪美人姿	흰 매화의 요염함은 미인의 자태를 훔친 듯.
斯時有興全難盡	이 계절의 흥취를 모두 즐기기는 어려우니
載酒盤桓趣在詩	술을 가지고 머뭇거림은 아취가 시에 있음이네.

▪ 일월여사日月如梭 : 시간이 빠르게 지나간다는 비유. ▪ 사梭 : 천을 짤 때 씨실을 통과시키는 관管으로 베틀의 북. ▪ 순식瞬息 : 깜빡임과 호흡. '순식간'과 같다. 한 번 눈 깜빡하고 한 번 호흡하는 것으로 매우 짧은 시간의 비유. ▪ 참차參差 : 길고 짧은 것이 고르지 않은 모양. 봄빛이 한 가지 모양이 아닌 것이다. ▪ 눈류嫩柳 : 부드럽고 유연한 버들. '눈'은 젊다거나, 유연함 등의 뜻. 이백의 「궁중행락사宮中行樂詞」에 "버들은 여린 황금 눈, 배꽃은 향기로운 흰 눈"● 이라고 하였다. ▪ 연취烟翠 : 취연翠烟과 같다. 멀리 푸른 숲 등에 걸리는 안개인데 시의 운韻을 맞추기 위해 글자 위치를 바꾸었다. ▪ 훈풍薰風 : 남쪽에서 불어오는 온화한 바람. 화풍和風. ▪ 황조黃鳥 : 꾀꼬리. ▪ 재주載酒 : 술을 가져옴. ▪ 반환盤桓 : 나아가지 못하는 모양. 머뭇거림.

● 이백의 「궁중행락사」는 모두 8수인데, 이 구절은 제2수의 수련(首聯)이다.

세월의 흐름은 빨라서 순식간에 또 새해가 되었다. 눈에 보이는 봄의 경치는 아직 한 가지 모양이 아니고, 얕고 깊고 저마다 제멋대로이다. 둑의 버들은 부드러운 싹을 틔우고, 멀리 푸른 안개에 쌓여 있는 산을 뒤로하고 흔들리며, 창문으로 봄의 따뜻한 바람이 불어오니 기분이 좋다.

꾀꼬리의 아양을 떠는 듯한 재잘거림은 거문고 소리와 잘 조화되어 있는 것 같고, 흰 매화는 미인의 요염함을 독점하고 있는 듯하다. 이 계절의 정취를 모두 음미하기에는 무리이므로 술을 가지고 이곳저곳을 왔다 갔다 하는 것은 술을 마시고 싶어서가 아니고, 이 봄의 흥취를 시로 나타내고 싶어서이다.

朝霧	**아침 안개**
朝霧滿天地	아침 안개 천지에 가득하여
濛然意欲迷	어둑어둑 갈피를 잡을 수 없네.
鳥啼不見樹	새 소리는 나지만 나무는 보이지 않고
色色連空齊	색색이 하늘과 같은 색이라네.

▪ 몽연濛然 : 몽은 가랑비가 내리는 모양이나 사물이 분명하지 않고, 어두컴컴한 모양으로 여기서는 안개가 끼여 확실하지 않은 모양.

아침 안개가 천지에 가득하여 어두컴컴하며 갈피를 잡을 수 없다.

새 소리는 나지만 나무는 보이지 않고 모든 색은 구름 낀 하늘과 같은 한 가지 색이다.

寒窓獨坐	차가운 창가에 홀로 앉아
寒窓多寂寞	겨울의 창가는 너무 적막하여
翹首望長空	머리를 들어 넓은 하늘을 바라보네.
雲起遠山白	구름은 먼 산에서 하얀 기운을 일으키고
風飄疎葉紅	바람은 붉게 물든 성근 나뭇잎을 흔드네.
頻吟愁不已	자주 시를 읊조려도 근심은 그치지 않는데
漫酌興無窮	마음껏 술을 마시니 흥이 무궁하구나.
日暮人來少	날 저물어 찾아오는 사람도 적고
忽聞雨落桐	문득 오동나무 잎에 떨어지는 빗소리를 듣네.

▪ 한창寒窓 : 겨울의 창문으로 가난하게 사는 삶이자 채조공의 당호이기도 하다. ▪ 교수翹首 : 머리를 들다. ▪ 장공長空 : 넓은 하늘.

겨울의 창가는 고요하고 적막하여 머리를 들어 넓은 하늘을 바라본다. 구름은 먼 산에서 하얀 기운을 일으키고, 차가운 북풍에 흩어지고 남은 붉은 나뭇잎이 흔들린다.

자주 시를 읊조려 봐도 한 사람의 외로움은 어떻게 할 수 없지만, 마음대로 술을 마시면 그 즐거움은 끝이 없다. 날이 저물어 찾아오는 사람이 없어 혼자서 술을 마시고 있으니 문득 오동나무 잎에 떨어지는 빗소리가 들린다.

雨中思歸 **빗속에 돌아갈 생각을 하다**

無端客邸雨濛濛	무료한 숙소에 비가 부슬부슬 내리고
山色參差半混空	산색도 들쑥날쑥 반이 하늘과 섞였네.
最恨深林鶯百囀	가장 한스러운 건 깊은 숲에서 지저귀는 꾀꼬리
依稀聲似故鄕中	마치 고향 숲에서 나는 소리 같구나.

▪ 무단無端 : 무한無限의 의미에서 전환되어 울적함, 지루함, 무료함의 의미. ▪ 객저客邸 : 여행객의 숙박 장소이므로 여기서는 복주의 유구관이다. ▪ 몽몽濛濛 : 안개 등이 자욱하여 어두운 모양. ▪ 백전百囀 : 시끄럽게 지저귀다. ▪ 의희依稀 : 매우 닮은 것.

나그네가 머무는 지루하고 무료한 숙소에 가는 봄비가 계속 내려 어두컴컴하고 먼 산들도 어렴풋이 한데 섞여 하늘과 같은 색이라 구별하기 어려울 정도이다.

가장 마음을 힘들게 하는 것은 숲 깊은 곳에서 시끄럽게 지저귀는 새소리이니 그것은 마치 고향 숲에서 우는 꾀꼬리 소리처럼 들린다.

秋日薄暮 **가을날 저물녘에**

薄暮捲書兀坐時	날 저물어 책을 덮고 가만히 앉아 있으니
無邊殘景勝凄其	끝없는 가을 풍경 쓸쓸하기 그지없네.
幸逢客子來敲句	다행히 객을 만나 시를 논하니
無限幽情只寄詩	무한히 그윽한 마음 단지 시에 부치네.

가도(賈島, 779~843) : 당나라 시인. 집안이 가난하여 일찍이 출가하여 승려가 되었으며 무본이라는 법명을 얻었다. 한유에게 시재를 인정받아 속세로 돌아와 과거에 응시했으나 번번이 실패했다. 승려로 있을 때부터 시인으로 이름을 날렸다.

퇴고(推敲) : 완성된 글을 다시 읽어 가며 다듬어 고치는 일이다.

■ 올좌兀坐 : 움직이지 않고 가만히 앉아 있음. ■ 잔경殘景 : 가을이 끝나가는 경치. ■ 고구敲句 : 시를 지음. 당나라 시인 가도가 「이응의 유거에 씀題李凝幽居」에 "새들은 연못가 나무에 잠들고, 승려는 달 아래 문을 두드리네(鳥宿池邊樹, 僧敲月下門)"라는 구절에서 '고敲'를 '추推'로 할까 '고敲'로 할까 고민했다는 고사가 있다. 여기서 '퇴고'라는 말이 생겼다. ■ 유정幽情 : 조용한 심경. 풍아風雅한 생각.

날이 저물어 어둑한 저녁이 되자 책을 덮고 가만히 앉아 있으니 끝없이 넓은 가을이 끝나가는 풍경은 차갑고도 쓸쓸하다.

다행히 객이 와서 시의 표현에 대해서 이야기하니 고상한 생각이 끝나지 않아 그 기분을 시에 부친다.

中秋詠月	**중추에 달을 노래하다**
丹桂飄香入夜淸	붉은 계수나무 향기 날리고 밤은 상쾌한데
金風凜凜拂高城	차가운 가을바람이 높은 성벽에 부는구나.
近看螺髻含烟暗	가까운 산들은 안개를 머금어 어둡고
遙聽鯨波拍岸鳴	멀리서는 언덕에 부딪치는 파도 소리가 들려온다.
雁避秋寒渾有意	기러기가 가을 추위를 피하는 것은 모두 뜻이 있는데
月浮天外却無情	하늘 높이 떠 있는 달은 도리어 무정하네.
敲詩難了今宵趣	오늘 밤 이 정취 시로 읊기도 어려우니
點綴還須籍麯生	이 홍취 모름지기 술이라도 마셔보세.

■ 중추中秋 : 중추仲秋. 음력 8월 가을의 보름달. 중추의 밝은 달을 노래

한 시이다. ▪ 단계丹桂 : 붉은 계수나무. 계는 중국 전설에서는 달 가운데에 있는 나무라고 한다. ▪ 늠름凜凜 : 추운 모양. ▪ 고성高城 : 마을을 둘러싸고 있는 높은 성벽. ▪ 나계螺髻 : 소라고둥과 같이 다발로 묶은 머리 또는 푸른 산의 모양을 비유한 말로 여기서는 산의 모양. ▪ 경파鯨波 : 커다란 파도. ▪ 점철點綴 : 곁들여 이어짐. ▪ 국생麴生 : 술의 다른 이름.

붉게 물든 계수나무의 향기가 바람에 날리고, 밤이 되어 달빛아래 공기는 한층 상쾌하다. 달빛 가운데에서 불어오는 쌀쌀한 바람은 마을의 높은 성벽을 후려치듯 불어댄다. 가까운 산들은 안개를 머금어 어둡고, 멀리서 언덕에 부딪치는 파도 소리가 들려온다.

기러기가 가을의 찬바람을 피해 날아가는 것도 사람들을 근심하게 하는데, 하늘 높이 떠 있는 달은 이쪽의 기분 등은 조금도 신경 쓰지 않는 듯 빛나고 있다. 오늘 밤 이 정취를 모두 시로 읊고자 하나 할 수 없으니 이 흥취에 술이라도 마셔본다.

山居	**산에 살며**
松陰幽處曲溪邊	소나무 그늘 그윽하고 굽이진 시냇물 흘러가는 곳
深結茅廬晨夕禪	깊은 산속에 초가집 짓고 아침저녁으로 참선하네.
鳥宿柴門恒出入	새는 사립문에 깃들여 항상 오가고
雲侵竹榻任牽連	구름은 대나무 의자 주변을 연이어 맴도네.
朝看野老鋤田畝	아침에는 늙은 농부가 밭가는 모습을 보고
晩聽樵夫唱嶺巓	저녁에는 나무꾼이 산에서 부르는 노랫소리를 듣네.

莫笑尋常人跡少	비웃지 마라, 찾아오는 사람 적다고
靑山流水自悠然	푸른 산 흐르는 물같이 느긋하게 살아간다네.

▪ **산거**山居 : 산 속에 삶. 은거. ▪ **모려**茅廬 : 띠로 지붕을 이은 집. 암자. ▪ **시문**柴門 : 섶으로 만든 문으로 은자의 집을 뜻함. ▪ **죽탑**竹榻 : 대나무로 만든 긴 의자. ▪ **견련**牽連 : 이어져 계속됨. ▪ **야로**野老 : 시골 노인인데 여기서는 늙은 농부의 의미. ▪ **영전**嶺巓 : 산의 정상. 영嶺은 산의 꼭대기. ▪ **청산유수**靑山流水 : 푸른 산과 흐르는 물. 대자연의 모습. ▪ **유연**悠然 : 느긋한 모습.

소나무가 그림자를 만드는 깊은 곳, 가까이 골짜기 냇물이 흘러가는 곳에 시인은 초가집을 짓고 아침저녁으로 앉아 참선한다. 새는 사립문에 깃들여 아침저녁으로 오가고, 구름은 대나무로 만든 휴식용 긴 의자 주변을 연이어 맴돈다.

아침에는 늙은 농부가 밭가는 모습을 보고, 저녁에는 나무꾼이 산꼭대기에서 노래 부르는 소리를 듣는다. 평소 찾아오는 사람이 적다는 것을 비웃지 말라, 시인은 느긋한 대자연 속에서 여유롭게 살아가고 있으니.

寒月卽事	**차갑게 빛나는 달**(2수 중 제1수)
寥落寒風過客樓	별도 드문 밤, 차가운 바람이 객관을 스치는데
黃昏獨立漫凝眸	황혼녘부터 홀로 서서 눈을 모아 바라본다.
砧聲敲破關山月	다듬잇돌 두드리는 소리는 관산의 달에 닿고
一片氷心萬里愁	한 조각 얼음 같은 마음은 만 리 고향을 그리네.

■ 한월寒月 : 겨울에 차가우면서도 빛나는 달. ■ 즉사卽事 : 그 장소의 것을 노래한 시. 「강촌즉사江村卽事」 등으로 시 제목을 사용한다. ■ 요락寥落 : 별 등이 드문드문한 모양. ■ 객루客樓 : 복주의 유구관을 말한다. ■ 황혼黃昏 : 해질녘. ■ 응모凝眸 : 눈을 집중함. ■ 침성砧聲 : 다듬이질 하는 소리. 다듬이질이라는 것은 명주포를 평평한 돌 위에 두고 나무 몽둥이로 때리는 것이다. '도의擣衣'라고 한다. 이렇게 매끄럽게 명주를 누여서 이것으로 겨울옷을 만들어 변방에 있는 남편에게 보낸다. 이 다듬이질 하는 소리에는 변방에 있는 남편을 그리워하는 여성의 탄식이 담겨 있고, 애정을 이끄는 뜻이 있다고 말해지며, 예로부터 악부시樂府詩의 제목으로 사용된 많은 작품이 남아 있다. 이 시에도 여행 중인 시인이 고향을 그리워하는 마음이 담겨 있다. ■ 관산월關山月 : 이것도 악부시 제목의 하나로 이별을 아파하는 것이다. ■ 일편빙심一片氷心 : 한 조각 얼음 같은 맑고 깨끗한 마음. 왕창령●의 「부용루에서 신점을 보내다芙蓉樓送辛漸」라는 시에, "낙양의 친구들 내 안부 묻거든, 한 조각 얼음 같은 마음 옥항아리에 있다 전해주오(洛陽親友如相問, 一片冰心在玉壺)"라는 구절이 있다.

왕창령(王昌齡, 698~755) : 당나라 시인으로 자는 소백(少伯)이다. 이백과 쌍벽을 이루었으나 안녹산의 난 때에 피살되었다.

왕창령의 이 시는 모두 2수인데, 여기 인용한 것은 첫 번째 수 3, 4구이다.

별도 드문 달 밝은 밤, 차가운 바람이 역루驛樓를 스쳐 지나간다. 날 저물 때부터 시인은 혼자 멍하니 서서 눈을 한 곳으로 모아 고향이 있는 동쪽을 보고 있다.

마을에서는 누군가 두드리는 다듬잇돌 소리가 나고, 그 소리는 산 위의 달에 닿을 듯하다. 고향을 멀리 떠난 그리움이 밀려오지만 마음은 한 조각 얼음처럼 이미 맑고 깨끗하다.

遊龍洞寺 **용동사에서 노닐다**(2수 중 제2수)

江流四遶一山浮　사방을 둘러 강물 흐르는데 산이 하나 떠 있어
疑見蒼茫繫舸舟　아득히 늘어선 배인가 의심하며 바라보네.
湖曠無從尋范蠡　호수가 넓으니 범려를 찾을 길 없고
林深何處覔巢由　숲이 깊으니 어디서 소부와 허유를 찾을꼬.
寺依龍洞鳥鳴少　절은 용동에 기대어 새조차 소리를 낮추고
門對虎溪花徑幽　문은 호계를 마주해 꽃길엔 기척도 없이 조용하다.
借問上人平日事　스님에게 평소에 하는 일을 물어보니
白雲堆處獨遨遊　흰 구름 가득한 곳에서 혼자 노닌다고 하네.

■ 용동사龍洞寺 : 오무산奧武山에 심해 스님心海上人이 열었다는 절이다. 「오산 북쪽 용도사의 심해 스님에게 부치다」(164쪽)의 '용동사' 주석 참조. ■ 창망蒼茫 : 하늘・바다・평원 등이 널찍해서 끝없는 모습. ■ 가주舸舟 : 배. 가는 큰 배이고, 주는 작은 배. 여기서는 단지 배의 의미. ■ 범려范蠡 : 춘추시대 월나라 사람으로 구천●에게 종사하여 오나라를 멸망시킨 뒤, 이름을 바꾸고 배를 타고 강호를 건너 제齊나라로 가서 수만금의 재산을 모았다는 인물. '범려범호范蠡泛湖'의 고사가 있다. ■ 소유巢由 : 소부巢父와 허유許由. 두 사람은 상고시대인 요임금 시대의 은자로 항상 산에 살며 세속적인 영리를 구하지 않았다. ■ 호계虎溪 : 중국 강서성 여산의 동림사 앞에 있는 냇물 이름이다. 진晉나라 혜원慧遠이 여산에 살면서 호계를 건넌 적이 없었다. 어느 날, 도연명과 육수정● 두 사람을 전송하다가 깜빡하고 호계를 건넜다. 그때 호랑이의 어흥 거리는 소리를 듣고 안거安

구천(句踐, ?~기원전 464년) : 춘추전국 시대 후기의 월나라 군주이다. 책사 범려의 뒷받침으로 당시 화남에서 강세를 자랑하던 오나라를 멸망시켰다. 기원전 508년에 왕태자로 책봉된 이후 기원전 500년부터 기원전 497년까지 월나라 왕태자의 신분으로 부왕 윤상(允常)의 대리청정을 맡았으며 기원전 497년에 부왕의 서거로 즉위하였다. 춘추오패의 한 사람이다.

육수정(陸修靜, 406~477) : 중국 남송 때의 도사로 초기 『도장(道藏)』의 편찬자이다. 유학・참위설・불교 경전에 두루 통달했다. 어린 시절 도를 닦기 위해 출가하여 여러 지방을 돌아다녔다. 453년 건강에서 약을 팔았으나, 송나라 문제(文帝)의 부름을 받고 입궁하여 도를 가르쳤으며, 태후 왕씨가 그에게 제자의 예를 갖추었다. 461년 여산(廬山)에 머물면서 백운봉(白雲峯) 아래 절을 지었다.

居 금족禁足의 맹세를 깨뜨렸다는 것을 알고는 세 사람이 마주보며 크게 웃었다는 이야기가 있다(「호계삼소虎溪三笑」). ▪ 오유遨遊 : 즐겁게 노는 것.

용동사의 사방은 물이 흘러 마치 냇물 가운데에 떠 있는 듯하고, 또 끝없이 넓은 바다에 배가 늘어서 있는 것이 아닌가 하고 의심이 들 정도이다. 이 호수에서 범려의 모습을 찾는다면 좋겠지만 호수가 넓어 찾을 수 없고, 깊은 숲속 어딘가에는 소부나 허유의 거처가 있을 듯하지만 너무 넓고 또 깊어서 그 방책이 없을 정도이다.

절은 용동 가까이에 서 있는 탓에 새조차 소리를 낮추고, 문은 호계를 향하고 정원의 꽃이 있는 작은 길은 기척도 없이 조용하다. 심해 스님에게 평소에 어떻게 지내냐고 안부를 묻자 흰 구름 가득한 곳에서 혼자 여유롭게 노닌다고 한다.

맺는말

선자選者인 고故 시마지리 카츠타로島尻勝太郎 선생과 유구의 한시 중에서 100수 정도를 선별해서 접하기 쉬운 주석서를 출판해보지 않겠느냐고 이야기를 한 것이 어언 10여 년의 세월이 흘렀다.

1977년부터 1987년까지 10년간 선생께서는 매주 한 번 나의 연구실에 중국문학 강독의 강사로서 오셨다. 선생은 올 때마다 무언가 문제를 가지고 오셨다. 그 문제에 거의 대부분 곧바로 대답하지 못하고 항상 찾아서 답하겠습니다라고만 했다. 찾아서 답을 드린 것도 있지만 답을 드리지 못한 채 방치한 것도 많다. 지금이라도 "어이, 그것은 어떻게 되었나?"라고 물으실 것 같은 느낌이 든다. 숙제만 잔뜩 끌어안아버린 셈이지만 『유구 한시선』은 그 가운데서도 가장 신경 쓰이는 숙제 중 하나였다.

유구대학이 아직 수리에 캠퍼스가 있던 즈음인 1979년 가을, "어이, 이런 것은 어떻겠는가"라고 80수 정도의 한시를 선별하여 쓴 것을 보여 주었다. 항상 연구실에서 유구 한시를 선별한 이야기를 하시곤 했다. 그러나 나는 보여 준 그 내용에 그다지 찬동하지 않았다. 그 이유는 책봉사의 작품이 절반을 차지하고, 유구 시인의 작품이 적었기 때문이다. 그래서 실례라고 생각을 하면서도 좀 더 유구 시인을 추가하지 않으면 『유구 한시』라는 이름에 어울리지 않는다고 했더니 선생께서도 재검토해 보겠다고 하셨다.

그렇게 해서 선생이 "양문봉楊文鳳의 이것은 좋겠다, 채대정蔡

大鼎의 저것은……"이라고 하는 말을 참고해서 시의 선별이 시작되었다. 그러나 선생은 그 당시 진행 중인 연구 「책봉사록의 강독과 역대보안 연구」와의 관계 때문인지 아무리 해도 관심은 중국 시인에게 향했고, 그중에서도 서보광에게 빠져 있었다. 그 때문에 한시 이야기를 하면 유구인보다도 책봉사인 중국인 이야기에 집중하는 경우가 많아 우리 두 사람의 과제는 좀처럼 진행되지 않았다.

그런데 1988년 가을, "어이, 이것 좀 봐주게"라고 하시며 『황청시선皇清詩選』에 수록되어 있는 유구인의 작품 15수 정도를 보여 주셨다. 그리고 "자세한 주석은 자네가 써주게"라고 하셨다. 그때 나는 선생이 드디어 유구인의 작품을 본격적으로 다룰 결심을 굳혔다고 생각하고 마음속으로 기뻐했다. 그런데 그즈음 선생에게는 이미 병마가 숨어들었다.

15수 정도의 시를 보여 준 4~5일 뒤, 포첨시 주최로 중국 복건성으로부터 선생과도 친교가 있는 복건사범대학 유혜손劉蕙孫 교수 일행 네 사람을 맞이하는 심포지엄이 열렸다. 건강이 좋지 않은 선생은 참석하지 못했다. 유혜손 교수가 꼭 만나고 싶다고 해서 선생을 호텔로 모시고 와서 유 교수 일행과 환담할 수 있도록 했다. 돌아가는 차 안에서 선생은 내일부터 입원할 것이라는 말을 했다. 그때도 선생의 병이 그렇게 중하다는 것을 생각하지 못했다. 일주일 정도 지나면 곧 퇴원할 것이라는 정도로 가볍게 생각했다.

10월에는 대만에서 온 연구자가 다수 참석한 '제2회 유중역사관계 국제학술회의琉中歷史關係 國際學術會議'가 열려, 그 회의가 끝난 다음날 병원에 갔더니 선생은 매우 건강하게 병실을 나와 찻집에 가서는 3시간 정도 이야기를 했다. 병문안을 갈 때마다 그렇게 해서 뒤에는 내가 병문안 가는 것을 삼갈 정도였다.

선생은 입원 중에도 유구 한시의 선별을 계속했다. "전에 건넨 시의 주석은 끝났는가?", "어떨까, 저 시는 재미있을까?"라며 나의 주석 작업이 선생의 선별을 따라가지 못할 정도였다. 11월에 선생이 일시 퇴원할 때 완전히 건강해졌다고 생각하고 그 일도 완성되리라고 믿고 있었다.

그러나 12월 5일 선생은 조용히 우리들 앞에서 영원히 떠나가셨다. 선생이 건강했을 때, 관계한 원고가 30매 정도 나의 수중에 남아 있었다. 막 시작한 일을 완성하지 못하고 돌아오지 못할 여정을 떠난 선생의 마음은 필시 무념無念하였을 것이다. 나는 선생의 아드님인 카츠미克美 씨와 연락하여 선생의 유구 한시에 관한 원고와 초고를 찾아 받고 선생이 못 다한 일을 어떻게 해서든지 완성해야겠다고 결심했다.

선생이 선별한 것 중에서 중국인의 작품을 빼고 『중산시문집』에 수록되어 있는 정순칙을 중심으로 쿠메무라 출신의 시인만을 한정해서 정리한 것이 이 책이다.

처음부터 이것은 선생의 의지도 방침도 아니다. 선택한 작품도 거의 내가 추가하거나 줄인 것이다. 주석도, 작품 배열 방법도, 정순칙의 「동원팔경」의 일부를 제외하고는 모두 나의 방식으로 통일했다. 선생이 아꼈던 책봉사의 작품은 채용하지 않았다. 그런 의미에서 이 책은 분명 선생의 뜻이 더해진 것은 아닐 지도 모른다. 그러나 "젊은이에게 맡기자"라고 말한 적이 있는 선생은 분명 조용히 웃으며 허락해 주실 것이라 생각한다. 이것으로 숙제의 하나에 답할 수 있다고 생각하는 한편, 이것으로 괜찮을까 어떨까, 그 내용에 대해 이야기할 수 없게 된 것이 애석하기 짝이 없다.

아마 잘못 읽었거나 주석을 잘못 붙인 곳도 있을 것이다. 그 책임은 모두 주석자인 나에게 있다는 것은 말할 필요도 없다. 잘못된 것은 앞으로 노력해서 바로잡을 것을 약속하며 우선 이 책을 선생의 영전에 바치고자 한다. 그러므로 독자 여러분의 기탄없는 질정을 바란다.

한편, 본문을 작성하면서 많은 분들의 연구 성과를 참고했다. 인용하거나 참고한 것에 대해서는 그 출전을 가능한 범위에서 기록했지만 혹시 실수로 빠뜨린 것도 있을지 모르겠다. 그러한 점이 있다면 너그러운 용서를 바란다.

교정 등은 나하시 문화진흥과의 타나 마유키田名眞之 씨, 시마지리 카츠미島尻克美 씨, 한나 케이코漢那敬子 씨의 협력을 얻었다. 또 히루기사ひるぎ社의 토미가와 에키로富川益郎 씨에게는 시종 열성적인 조언과 격려를 받았다. 마음으로 감사를 드린다.

고 시마지리 카츠타로島尻勝太郎 선생의 명복을 빌며
영전에 바친다.
1989년 11월 주석자

역자 후기

학문에도 우연 같은 필연이 있는 듯하다. 내가 유구 한문학을 만난 것이 그러하다. 몇 년 전 일본문화에 관심을 가지고 일본을 들락거리며 일본문헌들을 뒤적이다가 후쿠오카 현립도서관에서 '유구琉球'라는 단어와 만나게 되었다. 그동안 나는 유구라는 나라에 대해 잘 알지 못했다.

자세히 살펴보니 유구의 역사는 조선과 너무나 닮아 있었다. 아니 어쩌면 조선보다도 더 가슴 아픈 역사를 갖고 있다고 할 수 있다. 조선도 외세에 의한 많은 우여곡절을 겪었지만 그래도 독립국인 대한민국으로 이어졌으나, 유구는 일본의 오키나와현이 되고 말았다. 그런 이유 때문인지 유구 한문학 역시 사각지대에 놓여 있다고 보인다.

유구는 1429년 중산왕 상파지尙巴志(1372~1439)가 삼산시대를 통일하고 유구독립왕국을 이룬 이후 일본 메이지정부에 의해 유구처분된 1879년까지 계산하면 450년간 지속되었던 나라이다. 물론 삼산시대부터 계산하면 유구의 역사는 더 오래되었다. 그러나 유구는 1609년 일본 사츠마의 침략을 받고 사실상 그 지배체제에 있었으며, 1879년 일본 메이지정부에 의해 유구처분되면서 일본이 되었다. 그 후 제2차 세계대전을 겪으며 미군정의 지배를 받다가 1972년 다시 일본에 반환되어 현재는 일본 오키나와현이 되었다. 이런 역사성 때문인지 우리 학계에 유구의 한문학과 관련한 선행연구가 많지 않다.

하지만 유구는 엄연히 중세 동아시아 한문문화권에 속했고, 유가사상을 받아들였다. 1674년에 공자묘가 창건되었으며, 1718년에는 명륜당이 건립되어 유구의 중요한 교육기관이 되었다. 또한 조선과는 비교할 수가 없겠지만, 한시와 한문 관련 작품도 꽤 남아 있다. 이른바 유자儒者가 있었던 것이다. 그러나 현존하는 한문 관련 문헌의 양이 적은 것은 일본의 지배와 전쟁을 겪으면서 많이 소실되었기 때문이라 생각된다. 예컨대 태평양전쟁 당시 연합군의 일본 본토 진출을 막는 최후의 보루로서 오키나와 현은 엄청난 피해를 입었다. 1945년 4월부터 약 3개월 동안 오키나와에서 10만 명이 넘게 전사했다. 물적 피해 역시 이루 말할 수가 없을 정도이다.

그러나 유구 한문학은 동아시아 한문학에 대한 이해와 지평을 넓히기 위해 꼭 알아야 할 분야라고 생각한다. 지금까지 우리 한문학 연구는 종주국으로서 중국 한문학과 소중화小中華를 자부했던 조선의 한문학에 집중해 왔다. 이제는 그 폭을 보다 넓혀야 할 필요가 있다. 그간 부족했던 일본・대만・베트남 그리고 유구의 한문학에 대한 관심과 연구가 풍부해진다면 진정한 동문동궤同文同軌로서 동아시아 한문문화권의 문화에 대한 이해가 넓어질 것이다. 이는 비단 과거만의 일이 아니고 동아시아의 현재를 읽는 단서가 될 것이며, 미래의 동아시아를 만들어가는 데도 도움이 될 것이다. 이런 맥락에서 이 책은 우리 학계에 유구 한시를 소개하는 첫걸음이 되리라 생각한다.

『유구 한시선』에는 8명의 유구 문인의 시가 소개되어 있다. 이들 중 정순칙의 아들인 정단만을 제외한 7인은 모두 유구 한문학에 있어서 중요한 인물들이다. 특히 정순칙과 채온은 유구의 문학과 역사에서 뿐만 아니라 정치사에서 빠뜨릴 수 없는 인물이다. 이들을 통해 유구 한시의 윤곽을 잡을 수 있으리라 본다.

유구 한문학과 관련한 문헌을 찾기 위해 오키나와 소재 대학도서관과 고서점을 탐방하던 중, 붉은 표지의 문고판 『유구 한시선』을 접했을 때의 기쁨은 이루 말할 수 없었다. 이후 편저자인 우에자토 켄이치 교수를 만나기 위해 이리저리 연락하다가 그가 일본 도호쿠東北대학에서 중국문학을 전공했다는 것을 알고는 같은 도호쿠대학을 졸업한 동명대학교 성해준 교수님에게 만남을 부탁하여 오키나와 명륜당에서 우에자토 교수님과 만나게 되었다. 우에자토 교수님의 따뜻한 격려에 감사드린다.

이 책은 한시 번역이나 일본어 번역 모두에 공부가 부족한 역자가 유구 한시를 우리 독서계에 알리고 싶다는 욕망과 무모한 용기로 번역하게 되었다. 그러나 용기만으로는 되지 않아 번역하는 과정에서 어려운 일본어 한문 읽기 표현을 마주할 때면 성해준 교수님의 도움을 받았고, 한시 번역과 관련해서는 학연서당 훈장 정길연鄭吉連 박사가 조언을 주었다. 그럼에도 여전히 잘못된 표현이나 오역이 있을 것이다. 이는 전적으로 역자의 책임이므로 기탄없는 질정을 바란다.

그리고 역자가 오키나와에 갈 때마다 메이오名櫻대학 도서관에서 공부할 수 있게 도와주고, 고서점 탐방을 함께 해주신 메이오대학 박재덕朴在德 교수님께도 이 자리를 빌려 감사드린다.

또한 흔쾌히 출판을 허락해 준 소명출판 박성모 사장님과 공홍 편집부장님 그리고 예쁘게 편집해 준 윤소연 님께도 감사드린다.

2019.10.10

이성혜 씀

첨부 자료

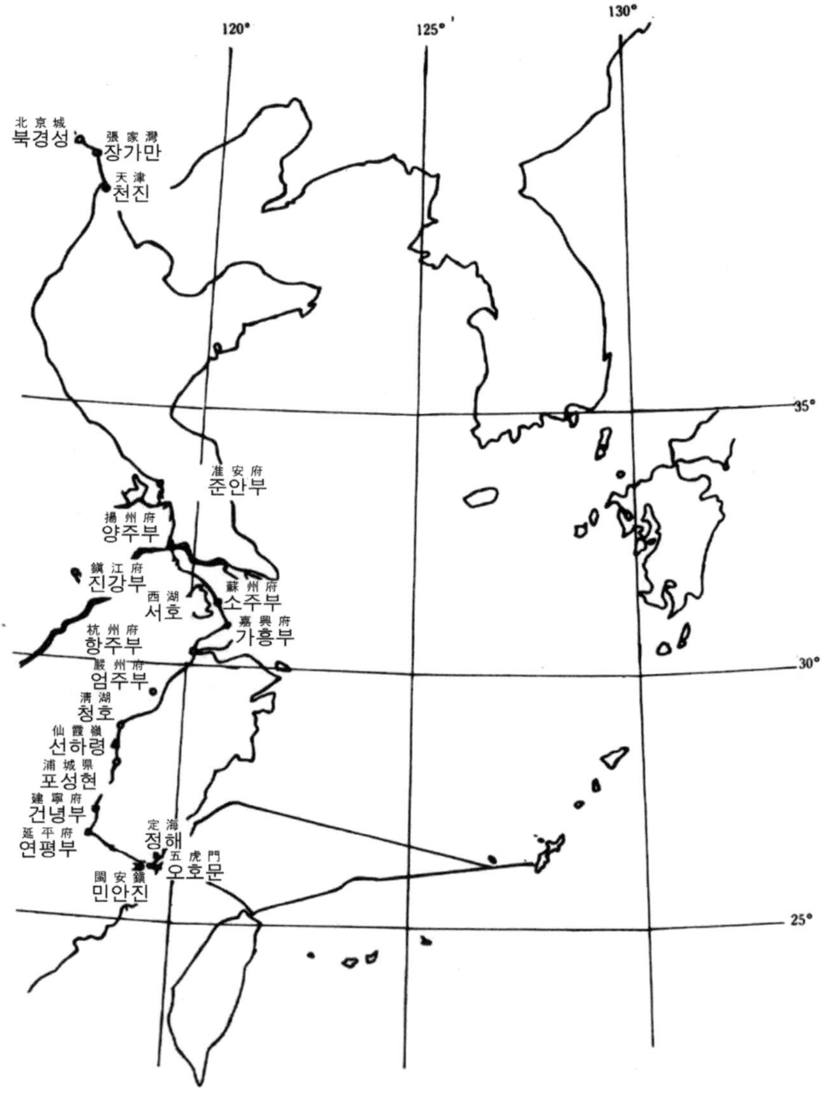

유구-중국 간의 항로와 복주에서 북경까지의 육로

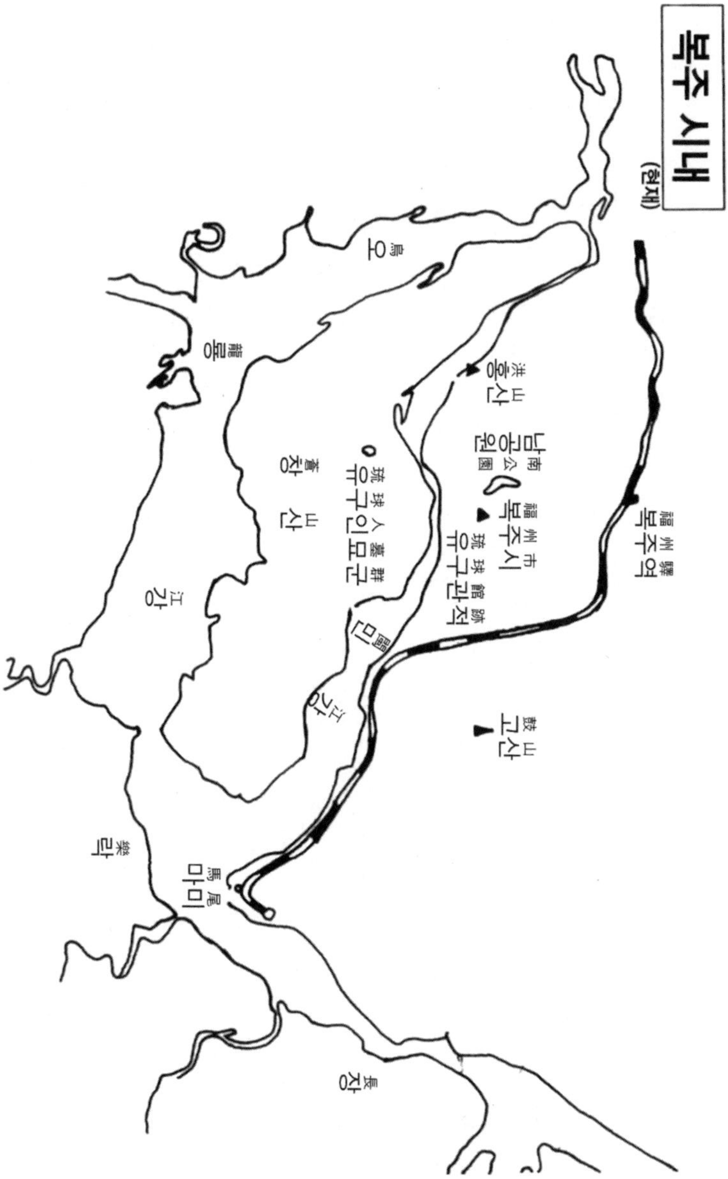
복주 시내
(현재)
福州驛
복주역
洪山
홍산
南公園
남공원
福州市
복주시
琉球館跡
유구관적
鼓山
고산
烏
오
琉球人墓群
유구인묘군
閩江
민강
蒼山
창산
龍
룡
江
강
馬尾
마미
樂
락
長
장

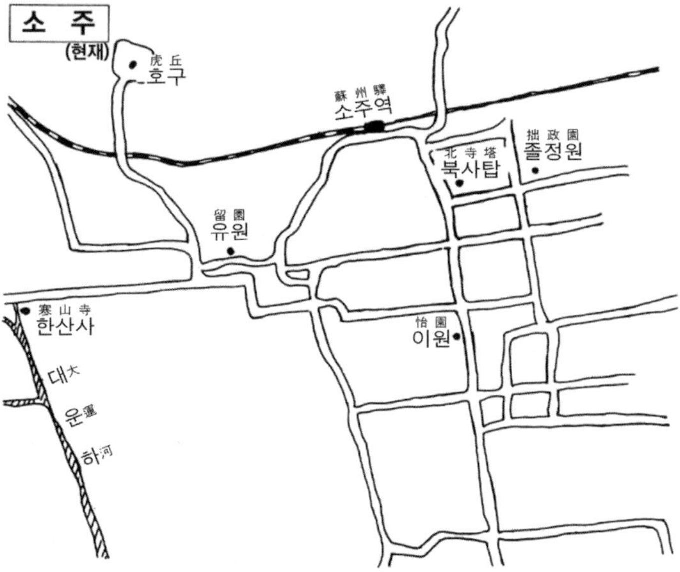
소 주
(현재)
虎丘
호구
蘇州驛
소주역
拙政園
졸정원
北寺塔
북사탑
留園
유원
寒山寺
한산사
怡園
이원
대大
운運
하河

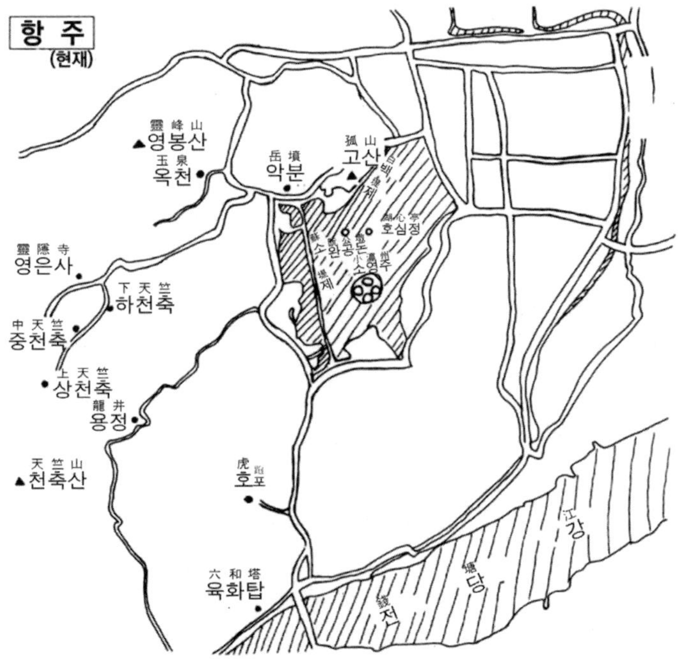
항 주
(현재)
靈峰山
영봉산
玉泉
옥천
岳墳
악분
孤山
고산
백
제
湖心亭
호심정
소
완공돈
小
소영주
제
靈隱寺
영은사
下天竺
하천축
中天竺
중천축
上天竺
상천축
龍井
용정
天竺山
천축산
虎
호포
六和塔
육화탑
錢
전
塘
당
江
강